BIBLIOTHECA
SCRIPTORVM GRAECORVM ET ROMANORVM
TEVBNERIANA

BT 2045

CONSILIATORES TEVBNERIANI

GIAN BIAGIO CONTE
MARCUS DEUFERT
JAMES DIGGLE
DONALD J. MASTRONARDE
FRANCO MONTANARI
HEINZ-GÜNTHER NESSELRATH
DIRK OBBINK
OLIVER PRIMAVESI
MICHAEL D. REEVE
RICHARD J. TARRANT

AULULARIA SIVE QUEROLUS

EDIDIT
YANNICK BRANDENBURG

DE GRUYTER

ISBN 978-3-11-100033-6
e-ISBN (PDF) 978-3-11-100836-3
ISSN 1864-399X

Library of Congress Control Number: 2023940497

Bibliographic information published by the Deutsche Nationalbibliothek
The Deutsche Nationalbibliothek lists this publication in the Deutsche Nationalbibliografie; detailed bibliographic data are available on the Internet at http://dnb.dnb.de.

© 2023 Walter de Gruyter GmbH, Berlin/Boston

Printing: CPI books GmbH, Leck

www.degruyter.com

HOC VOLVMINE CONTINENTVR

Praefatio VII
I. De codicibus VII
II. De florilegiis XIV
III. De editionibus impressis XIV
IV. De huius editionis apparatibus XVI
V. De inscriptionibus subscriptionibusque XVI
VI. De actis scaenis titulis paragraphis XVII
VII. De ratione scribendi et interpungendi XVIII
VIII. De appendicibus XVIII
IX. Gratiarum actio XIX
Index editionum et commentationum quae in apparatu critico laudantur XX
Conspectus siglorum XXIII

Aulularia sive Querolus 1

Appendix orthographica 53
Index fontium 56
Index nominum rerum uerborum 57

PRAEFATIO

Cum alio loco pluribus uerbis egerim de nostrae fabulae codicibus manuscriptis editionibusque impressis et ratione huius editionis,[1] non opus est, ut easdem res iterum fuse pertractem. Paucis igitur tibi, lector beneuole, primum demonstrabo, qui codices manuscripti Querolum fabulam nobis tradiderint, qua necessitudine coniuncti sint, quae fides auctoritasque unicuique eorum tribuenda sit. Tum tibi enarrabo, qui philologi ante me Queroli codicibus recensendis et textui emendando operam dederint, quid effecerint, quo modo de fabula meriti sint. Denique exponam, quo itinere mihi ipsi censui progrediendum esse in hac editione praeparanda.

I. DE CODICIBUS

Queroli fabulae codices hodie extant decem aut integri aut mutili. Ad quos accedunt fragmenta codicis **S** et apographon illud quo pars codicis Remensis hodie perditi conseruata est. Quos ego ipse uidi et omnes praeter recentissimum et uilissimum **O** contuli.

Omnes codices ante renatas litteras conscripti in Gallia orti sunt (uel a codice in Gallia conscripto originem ducunt) et ab eodem codice archetypo descendunt. Horum librorum duae classes facile dignoscuntur, quarum una duobus codicibus constat, altera quam 'uulgatam' nuncupare libet ceteris.

Illa pendet e uetustissimo illo codice Remensi, annis non multis post DCCC exarato, qui praeter Querolum etiam Phaedri fabulas continuit.[2] Quem librum anno MDCCXCIII una cum monasterii Sancti Remigii bibliotheca igne nocturno perustum esse ualde dolemus. Feliciter igitur euenit, ut bifaria propagine eius codicis uti possimus. Nam paulo ante illud calamitosum incendium Jacobus Vincentius librarius Remensis anno MDCCLXIX specimina scripturae descripsit in charta

1 In illo libro qui est inscriptus *Aulularia siue Querolus. Prolegomena und Kommentar*.

2 De codice Remensi cf. nunc G. Zago, ed., *Phaedrus. Fabulae Aesopiae*, Berolini/Bostoni 2020, pp. XII–XVIII.

perlucida; et cum apographon Queroli (quod hodie **W** nuncupatur) tum eiusdem codicis Phaedri uiro doctissimo Stephano Laurentio de Foncemagne misit. Perisse uidetur Phaedrus, sed casu felici anno MDCCCXCVII Antonius de Premerstein Queroli apographon detexit, quod hodie Vindobonae in bibliotheca Nationali asseruatur.[3] Si cogitaueris quantum auxilium apographon tam exiguum (tantum 30.2–6 continet!) textui constituendo tulerit, certe dolebis nos tanto praesidio in ceteris partibus esse destitutos.

Accedit altera Remensis propago paulo uetustior. Nam Marquardus Gudius, cum ueterum codicum inuestigandorum causa iter Gallicum Italicumque faceret, anno MDCLX etiam ad monasterium Remense peruenit cum Samuel Sciassio amico iuueni. Quem ibidem Querolum descripsisse "ex antiquissimo manuscripto codice Remensi, in quo Phaedri fabulae primo loco erant ligatae" Gudius in ipso codice refert. Hic codex chartaceus a Sciassio conscriptus (**H**) hodie asseruatur in bibliotheca Hamburgensi (in scrin. 185).[4]

Hactenus de prima familia. Ceteri libri ad familiam alteram quam uulgatam dico pertinent. Inter quos primum locum tenet illustrissimus Vaticanus Latinus 4929 (**V**), qui praeter Querolum continet Censorini librum De die natali, epitomen Aurelii Augustini De musica librorum (quam Praecepta artis musicae nuncupant), Valerii Maximi epitomen a Iulio Paride confectam, tabulam septem mira inscriptam, Pomponii Melae De situ orbis, Vibii Sequestris De fluminibus librum. Exaratus est medio saeculo nono in scriptorio nescio quo prope Ligerim flumen sito (uel Ferrarae uel fortasse Autissiodori ut uidetur), ubi Lupi illius Seruati doctrinae uestigia frequentissime apparent. Paulo post codicem correxit adnotauit rubricauit Heiricus Autissiodoriensis (**V**^{2}).[5] Tum liber

3 Adligatum est exemplari cuidam editionis principis, siglo CP.1.E.38 insignito.

4 Hunc codicem olim amissum primus repperit M. D. Reeve, "Tricipitinus's Son", in: *Zeitschrift für Papyrologie und Epigraphik* 22 (1976), pp. 21–31.

5 Cf. G. Billanovich, "Dall'antica Ravenna alle biblioteche umanistiche", in: *Aevum* 30 (1956), pp. 319–353. Non omnes concedunt adnotatorem **V**^{2} fuisse Heiricum (dubitant inter alios K. Wallenwein, *Corpus subscriptionum. Verzeichnis der Beglaubigungen von spätantiken und frühmittelalterlichen Textabschriften (saec. IV–VIII)*, Stutgardiae 2017, pp. 60–61, O. Pecere, "Il Vat. Lat. 4929 e l'esemplare sottoscritto da Rusticio Elpidio Domnulo", in: *Filologia Mediolatina* 27 (2020), pp. 43–65, ibi pp. 44–45). Mihi quidem persuasum est Billanovich recte iudicasse, praesertim cum dubitari non possit

in bibliothecam Aurelianensem tralatus est, ubi saeculo duodecimo ineunte magister quidam ignotus fabulam nostram commentariis argutissimis instruxit et locis nonnullis correxit ($\mathbf{V}^{3}$).[6]

De correctionibus adnotationibusque paulo fusius agere libet. Paucissima correxit librarius ipse ($\mathbf{V}^{1}$), sed post eum facies Vaticani ualde mutata est. Heiricus ($\mathbf{V}^{2}$), qui librario codicem describenti praefuisse uidetur, et in margine et inter lineas adnotationes maxime ad rem grammaticam lexicalem orthographicam pertinentes addidit, nonnulla emendauit uel ipso exemplari collato uel ingenio suo fisus. Idem Heiricus etiam librum rubricandum curauit, quod si ad titulos scaenarum siglaque loquentium spectamus haud parui aestimandum est, et interdum quod scripsit iterum mutauit. Quapropter, quo facilius inter rubricatorem correctorem adnotatorem distinguas, compendiis non solum $\mathbf{V}^{2}$ sed etiam $\mathbf{V}^{\mathbf{R}}$ (immo $\mathbf{V}^{\mathbf{Rc}}$ ubi se ipsum correxit) uti consilium cepi.

Multo autem grauius altiusque corrector recentior ignotus ille $\mathbf{V}^{3}$ textum mutauit marginemque inscripsit. Namque is textum permultis locis ad arbitrium atque ut ita dicam libidinem suam rescripsit eo modo, ut interdum non iam discerni possint quae antea scripta erant; praeterea glossematis adnotationibusque nonnumquam uberrimis fabulam optime et lucidissime expediuit. Ita fit, ut ille uetus magister cum de exponenda fabula tum de constituendo textu optime meritus sit.

Floret Vaticani progenies. Ex quo nondum a $\mathbf{V}^{3}$ correcto tres libri descripti sunt. Cum duo eorum adhuc asseruentur in bibliothecis (**LR**), de tertio (β) e propagine eius (**PB**) quaedam conici possunt. Facile intellegitur de his quattuor codicibus **LRPB** nullum tamquam testem primarium adhibendum esse. Magni autem momenti sunt eis locis, quibus **V** a posterioribus adnotatoribus correctoribusque ita mutatus uel erasus est, ut prior scriptura non legatur. Lectiones ergo, quae non

quin Heiricus fabulam nouerit, quod intellegi potest ex eius adnotationibus quae continentur libro glossarum in codice quodam Londinii conseruato (British Library, Harley 2735). Praeterea **V** quondam Autissiodori asseruatus esse iure creditur et constat inter cetera scripta in **V** tradita etiam Iulii Paridis epitomen inueniri, quae paucis tantum codicibus asseruatur et quam Lupum magistrum Heiricumque nostrum perstudiose legisse et tractauisse et cum ipso Valerio contulisse nouimus.

6 Cf. C. W. Barlow, "Codex Vaticanus Latinus 4929", in: *Memoirs of the American Academy at Rome* 15 (1938), pp. 87–124.

iam legi possunt, sed e **LRβ** consentientibus in **V** olim fuisse constant, libet siglo **V*** complecti.

Cum de origine codicum **LRPB** satis dictum sit, pauca de unoquoque ex eis addere placet. Primum igitur de antiquissimo illo codice membranaceo **L** disseram, qui saeculo nono exaratus hodie asseruatur inter codices Vossianos in bibliotheca Leidensi (siglo VLQ 83 insignitus). Qui codex nec longe ab eo loco quo **V** nec multis annis post descriptus est; continet nihil nisi Querolum fabulam. Multos per annos in bibliotheca monasterii Floriacensis conseruabatur. Cum id anno MDLXII spoliatum esset, librum P. Daniel ab abbate dono accepit et ex eo primus edidit fabulam anno MDLXIV. Postea idem Daniel etiam codicem **P** contulit et eius lectiones in margine codicis **L** addidit.

Sequitur codex **R**, Vaticanus Palatinus lat. 1615, membranaceus, parte priore saeculi undecimi a manibus plus quam triginta Germanicis Rhenanis, partim Wormatianis, exaratus; continet praeter Querolum fabulas uiginti Plautinas (necnon titulum Vidulariae), quibus nostra praemissa est: hunc codicem, quod ad Plautum (ubi siglo **B** notus est) attinet, longe praestare ceteris familiae Palatinae nemo est qui nesciat. Quantum ad nostram fabulam pertinet, hic codex non eiusdem momenti esse uidetur atque in Plauto, cum errores lacunaeque plurimae totamque per fabulam dispersae eum doceant esse testem nimis infidum. Perraro correctus est a manu aequali quam **R²** nuncupamus.

Ut iam ad **β** transeam, primum de codicibus singulis, id est **PB**, mihi agendum puto. Antiquitate aliquanto praestat Parisinus Latinus 8121A (**P**), codex membranaceus, parte altera saeculi undecimi in Gallia orientali exaratus, fortasse Diuoduri Mediomatricorum.[7] Continet praeter Querolum Guarneri Rothomagensis sermones duo et poemata anonyma de Jezebel et Semiramide; adligata fuerunt quondam et Historia Apollonii regis Tyriae et cosmographia nescioquae. Raro inueniuntur glossemata inter lineas, uix umquam digna quae memorentur.

Longe illustrior est codex Bruxellensis 5328–5329 (**B**), membranaceus, partis alterius saeculi duodecimi, qui Querolum cum Terentianis fabulis coniungit. De origine uero uix constat, quoniam alii putant eum

7 Cf. J. M. Ziolkowski, *Jezebel. A Norman Latin Poem of the Early Eleventh Century*, Novi Eboraci/Bernae 1989, pp. 28–30.

apud Mosam flumen ortum,[8] alii malunt eum e Gallia, forsitan auspice Henrico liberali comite Campaniensi, originem duxisse (quod cum **P** optime conuenit).[9] Prima pagina inscripta est uerbis litteris multicoloribus scriptis "Wilhelmus me fecit", sed ille Wilhelmus quis fuerit plane ignoro.

Codices **B** et **P** ex eodem fonte fluxisse, id est β, demonstrauit H. Hagendahl;[10] hos uero libros e codice illo Remensi (aut alio quodam ei propinquo) esse contaminatos primus uidit M. D. Reeve.[11] Quae res probari potest non solum propinquitate locorum (cum Durocortorum Remorum oppidum sit Campaniense et certe non longe a Diuoduro Mediomatricorum situm), sed etiam ipsorum librorum lectiones suadent, qui cum cognati proximique sint Vaticano et ex eo fonte fluxerint, alias ea praebent quae in **V** leguntur aut mutata sunt a $\mathbf{V}^c$, alias faciunt cum **HW**.

Breuius loquar de ceteris codicibus recentioribus qui a Vaticano tertium emendato ($\mathbf{V}^3$) originem ducunt; quorum, quod sciam, quinque extant et antiquissimi exarati sunt saeculo duodecimo.[12] Primum disseram de α, codice iam diu perdito, quem Franciscus Petrarca Auinione olim adnotauit. Is codex, qui omnia comprehendebat quae in **V** leguntur, cum ipse non extet, duos procreauit. Vetustior est liber iam antiquitus mutilus Vaticanus Reginensis lat. 314 (**S**). Qui liber saeculo

8 Hanc sententiam esse Patriciae Stirnemanni docet M. Deufert, *Eine verkannte Terenzbiographie der Spätantike. Untersuchungen zur Vita Ambrosiana*, Gottingae 2003, p. 34.

9 Ita censerunt C. Villa, *La lectura Terentii. Volume Primo. Da Ildemaro a Francesco Petrarca*, Patauii 1984, p. 204 n. 29, pp. 305–306, et B. Munk Olsen, *L'étude des auteurs classiques latins au XIe et XIIe siècles. Tome IV 1. La réception de la littérature classique. Travaux philologiques*, Lutetiae Parisiorum 2009, p. 107.

10 H. Hagendahl, "Notices sur le texte du *Querolus*", in: *Eranos* 38 (1940), pp. 55–61.

11 Reeve (op. cit. adn. 4), p. 30. Cf. etiam J. Küppers, P. L. Schmidt, "§ 621 *Aulularia sive Querolus* (II)", in: *Handbuch der lateinischen Literatur der Antike. Bd. 6. Das Zeitalter des Theodosius. Die lateinische Literatur von 374 bis 430 n. Chr.*, edd. J.-D. Berger, J. Fontaine, P. L. Schmidt, Monaci 2020, pp. 279–280.

12 De codice Vaticano Ottoboniano Lat. 1549 (**O**) membranaceo paulo ante annum MDCXX exarato, qui solus omnia praebet quae sunt in Vaticano, silere malim, cum nullius sane esse momenti inter omnes constet.

duodecimo iam uergente prope Aurelianum exaratus est et prius in abbatia Sancti Maximini asseruabatur, quam eius reliquiae cum aliis fragmentis aliunde petitis in codice miscellaneo a Petro Pithoeo composito colligerentur. Hodie nihil iam continet nisi perpauca et disiecta quaedam inde a 73.5 et fabulam integre traditam inde a 81.8 usque ad finem fabulae. Codicis Petrarcae stirps iunior est codex in Italia scriptus, miniaturis insignis Ambrosianus H 14 inf. (**A**), circiter anno MCCCC exaratus, qui adnotationes et correctoris **V**[3] et Petrarcae seruat. Ad textum constituendum neque **S** neque **A** multum iuuat.

Denique ad codicis **V**[3] prolem Anglicam transeo. Antiquissimus inter eos est Londiniensis Sloane 1777 (**K**), qui saeculo duodecimo exeunte fortasse Cantuariae scriptus et uerisimilius ibidem olim asseruatus est. Nec expedit plura de hoc mendoso codice dicere, sed stirps eius Cantabrigiensis (**C**) digna est quae paulo pluribus uerbis commemoretur. Hunc codicem chartaceum, qui in bibliotheca uniuersitatis (siglo Kk.5.14 insignitus) asseruatur, constat Cantabrigiae altera parte saeculi decimi sexti a quattuor manibus conscriptum esse. Quarta earum (**C**[4]) diligentissime fabulam retractauit. Hic enim magister correxit nonnulla, quae uel in libro archetypo uel in **K** corrupta erant, et primus omnium ut uidetur perspexit Legem conuiualem quam ceteri codices in fine fabulae tradunt a fabula nostra alienam esse; nouumque exitum componere coepit nec tamen perfecit. Cum **C** ut codicem a libro superstite descriptum plane eliminari (ut dicunt) liceat, tamen **C**[4] compluribus locis mihi adhibendus uidetur, quia textum subtiliter emendauit.

Iam omnes codices percurri. Necessitudines, quas supra breuiter strictimque exposui, hoc modo in stemma ut dicitur codicum redigi licet:

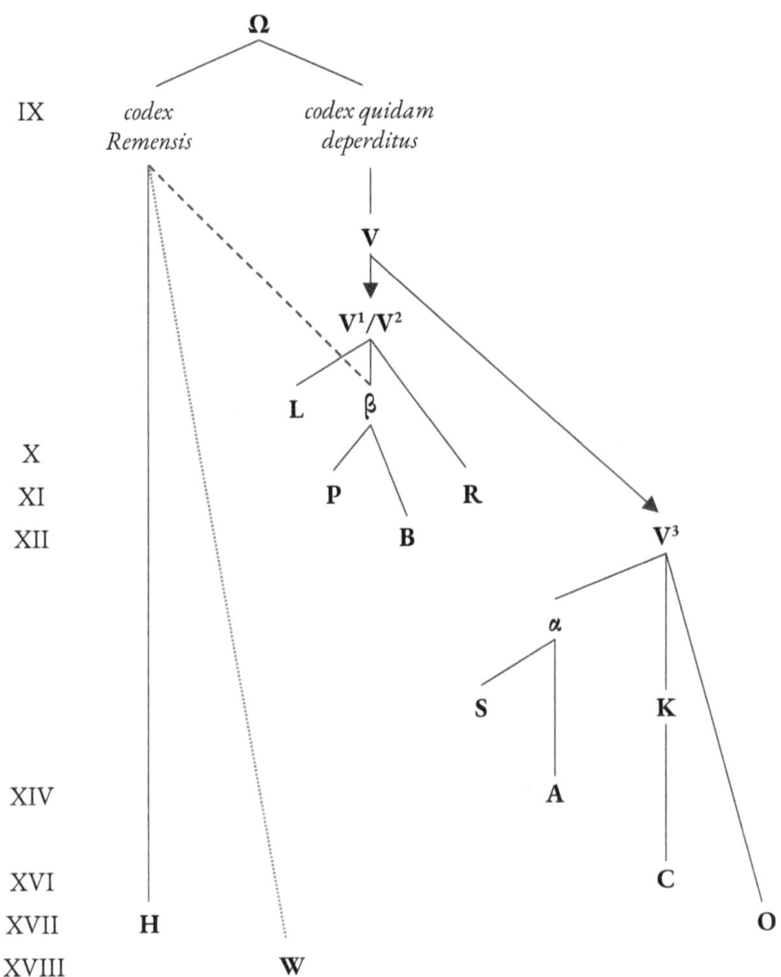
Ω
IX
codex Remensis
codex quidam deperditus
V
V1/V2
L
β
X
XI
P
R
XII
B
V3
α
S
K
XIV
A
XVI
C
XVII
H
O
XVIII
W

II. DE FLORILEGIIS

Etiam de florilegiis excerptisque, quae omnia e **V³** hausta sunt, perpauca exponere oportet.[13] Excerpta e Querolo traduntur florilegiis cum Gallico tum Angelico saeculo duodecimo congestis. Quae cum ad textum constituendum plerumque nullius auxilii sint, tamen nonnumquam aliquid siue casu siue consulto in aliquo florilegiorum codice ita mutatum est, ut a uero aut paululum aut etiam nihil abesse uideatur. Quamobrem necesse est ut sigla florilegiis quoque assignentur; Gallicum igitur siglo $\mathbf{\Phi^g}$, Angelicum siglo $\mathbf{\Phi^a}$ indico, et florilegii codices, cum saepe inter se discrepent, in apparatu nominatim laudo.

III. DE EDITIONIBUS IMPRESSIS

Primus edidit Querolum fabulam Petrus Daniel Parisiis apud Stephanum anno MDLXIV e codice Leidensi, quem e bibliotheca Floriacensi obtinuerat. Paulo post codice **P** ab amico suo Petro Pithoeo reperto editionem alteram correctiorem Antuerpiae prodituram praeparauit, sed numquam edidit. Paucis annis post Conradus Rittershusius, codicis Pithoeani ignarus, codicem **R** a Camerario acceptum anno MDXCV ad fabulam denuo edendam adhibuit. Quem secutus J. Ph. Pareus fabulam ter edendam curauit una cum fabulis uere Plautinis annis MDCX MDCXIX MDCXLI. Cum primus in actus scaenasque diuiserit fabulam, minimi tamen esse momenti eius editiones bene notum est.

His antiquissimis editionibus promulgatis per multos annos, immo saecula plura nouam editionem efficere nemini placuit; neque enim perfecit J. Chr. Wernsdorfius editionem quam curauit, antequam moreretur anno MDCCXCIII. Anno autem MDCCCXXIX Amstelodami S. C. Klinkhamer D. J. Lennepii discipulus, iuuenis admodum, fabulam e codicibus **LRP** denique praestantissime edendam curauit commentationibusque instruxit. Cum uix apposite fabulam in uersus iambicos

13 De his rebus uberius egi in commentationibus illis quae inscriptae sunt "Textgeschichte und Rezeption des *Querolus* im Mittelalter", in: *Filologia Mediolatina* 29 (2022), pp. 1–46, et "Excerpts from Vat. Lat. 4929 in the *Florilegium Angelicum*, the *Florilegium Gallicum*, and Vincent of Beauvais", in: *Le sens des textes classiques au Moyen Âge: Transmission, exégèse, réécriture*, edd. S. Franzoni, E. Lonati, A. Russo, Turnholti 2022, pp. 63–79.

trochaicosque coegerit, nemo est qui dubitet quin Klinkhamer permultos locos uel corruptos coniecturis sanarit uel obscuros enodarit. Ita fit ut eius editio inter antiquiores longe praestet.

Prodierunt eodem saeculo editiones a Peipero anno MDCCCLXXV et ab Havet anno MDCCCLXXX confectae. Ille primus cognouit quanto codex Vaticanus ceteris excelleret; hic, cum Querolum in tetrametros coegeret et ut ita dicam denuo scriberet, tamen hic illic optima coniecit.

Aliter iudicandum est de editionibus a L. Herrmann emissis in lucem annis MCMXXXVII et iterum – ut opus Auiani, si dis placet – MCMLXVIII. Doleo utramque (nam non multum inter se differunt) ad usum cum scholasticorum tum ceterorum lectorum minime aptam esse. Rationem enim adhibet editor quam ipse uocat "éclecticisme prudent"[14]: immo refertae sunt hae editiones uariis erroribus coniecturisque innumeris et falsis.

Non igitur mirum si paucis post annis (MCMLI) Gunnar Ranstrand nouam editionem curauit, quae iure laudata est. Vestigia enim sequens praeceptoris sui uiri illustris H. Hagendahl[15] primus penitus inuestigare instituit, quibus necessitudinibus codices manuscripti inter se iuncti essent. Quamquam non satis ad errores quos dicimus separatiuos animum attendit[16] et in textu constituendo mea sententia uirorum doctorum coniecturis nimis pepercit, primus tamen stemma delineauit codicum et editionem uere criticam in publicum edidit.

Ranstrandi editione in lucem emissa uerisimile est non ita breui temporis spatio quemquam nouum textum editurum fuisse, nisi post aliquot lustra codex **H** inuentus esset. Quo factum est ut illa quamuis bona editio prorsus inutilis reddita sit. Itaque Catherine Jacquemard-Le Saos totam rem denuo scrutata est et editionem promulgauit. Quam editionem tamen ineptam et mendosiorem esse optime iudicauit Rainer Jakobi,[17] cum editricem codices (praesertim **H**) non satis diligenter contulisse et de locis dubiis uel corruptis saepius perperam iudicauisse demonstraret.

14 *Le Grognon (Querolus)*, ed. Léon Herrmann, Bruxellis 1937, p. XXV.

15 Demonstrauit ille Hagendahl (op. cit. adn. 10) codicem **B** multo minoris esse momenti quam crediderat Herrmann.

16 Cf. Reeve (op. cit. adn. 4), p. 28.

17 R. Jakobi, censura editionis Jacquemard-Le Saos 1994, in: *Gnomon* 73 (2001), pp. 402–407.

IV. DE HUIUS EDITIONIS APPARATIBUS

Duobus apparatibus editionem instruere mihi placuit: altero critico, altero locorum laudatorum uel expilatorum, ut ita dicam: nam cum anonymus noster permulta inseruerit ex aliis scriptoribus hausta, inprimis Plauto Terentio Tullio, spero tibi, lector, non ingratum fore indicem fontium quo facilius intellegas quemadmodum fabula composita sit. Noli autem, quaeso, credere apparatum locorum similium me congessisse. Si uero loca quolibet modo similia quaeris aut tibi de locis similibus fontibusque doceri in animo est, librum meum prolegomena commentariosque continentem in manus sumpsisse te non paenitebit.

De altero apparatu, qui est criticus, non multa dici oportet. Quibus siglis usus sim facile cognosces e conspectu siglorum quem infra inuenies. Praeterea haec tria uolo ut scias.

Primum me nullum codicum praeter **HV** laudare solere, quoniam plerumque ex iis solis de archetypo iudicari potest. Ubi autem **W** adest, de **H** codice mentionem non facio. Tum scito me codices contaminatos **PB** iis solis locis commemorare, ubi et **HV** inter se discrepant et **PB** alia praebent atque **V**. Ibi enim ad restituendum codicem archetypum iuuant. Postremo de ceteris codicibus atque excerptis quantum possum sileo. Hic illic autem de quodam ex iis mentio fit, quoniam lectiones coniecturaeque interdum codicibus traduntur qui ad constituendum textum plerumque nihil ualere soleant.

V. DE INSCRIPTIONIBUS SUBSCRIPTIONIBUSQUE

Fabulam in archetypo inscriptam fuisse Aululariam (fortasse etiam Plauti Aululariam) cum e Vaticano tum e codicis Remensis testibus patet. In **V** enim legimus "Plauti Aulularia incipit feliciter". De codice Remensi hodie deperdito ex uerbis Petri Ioannis Grosley iudicari potest, qui se uidisse in libro quodam Remensi ait fabulam latinam quae inscripta esset "Aulularia".[18] Longe minoris momenti est testimonium

18 In libro illo qui inscribitur *Éphémerides Troyennes* (1765) et quem me ipsum non inspexisse ualde doleo dixisse fertur "une comédie latine intitulée Aulularia". Haec uerba laudata sunt a Domino Jacobo Vicentio in "Notice sur le manuscript de Phèdre qui est dans la bibliothèque de l'abbaye de St.- Remi" et

codicis **H**, cui, cum titulus olim omnino deesset, librarius Hamburgensis F. A. Wolf uerba "Plauti Aulularia" inscripsit.

De subscriptione si qua fuit in codice archetypo non liquet: nam finem fabulae nostrae deperditum plane desideramus, cum in eo loco, ubi subscriptiones inueniri solent, codices superstites tradant opusculum illud quod Lex conuiualis uel etiam Decretum parasiticum dicitur. In Vaticano denique post Legem conuiualem legitur "Aulularia Plauti explicita feliciter", in Hamburgensi nihil nisi unum illud "finis".

VI. DE ACTIS SCAENIS TITULIS PARAGRAPHIS

In codicibus manuscriptis fabula diuisa est in partes sedecim, quarum primam et secundam 'dedicationem' et 'prologum' uocare licet, ceteras scaenas. Tituli scaenarum aut litteris rubricatis (ut in **V**) aut maioribus (ut in **H**) scripti personas indicant quae in quaque scaena prodeant (uel potius prodire fingantur).[19] Qua in re codices persaepe consentiunt. Iis autem locis, ubi inter se discrepant, codicem **H** sequi mihi uisum est.

Fabula olim solebat etiam in actus scaenasque diuidi, quod quidem e libris non probatur: recte igitur Ranstrand hac de re destitit. Minime autem lectoribus prodest quod nec actus nec scaenas nec paragraphos ullo modo indicat. Melius Jacquemard-Le Saos scaenas I–XIV numerauit, dedicationem prologumque nominauit, fabulam in capita CX quae paragraphi uocantur diuisit: in his omnibus eam libenter secutus sum, sed plerumque paragraphos, ne longiores essent quam ut satis accurate laudarentur, iterum diuisi.

De siglis personarum **H** et **V**$^{\mathbf{R}}$ non multum inter se differunt: Larem familiarem nomine contracto LAR., Querolum QUER., Sycofantam SYCOF., Sardinapallum SARD., Arbitrum ARB. indicandos esse consensus codicum docet. Nec difficile est de Mandrogeronte Pantomaloque diiudicari quamquam codices inter se discrepant. Codicem **H**, cui inter-

ea iterum transcripsit Julius Berger de Xivrey in libro illo qui est inscriptus *Fabularum Aesopiarum libros quatuor* [sic], *ex codice olim Pithoeano ... adjectaque varietate lectionis e codice Remensi, incendio consumpto, a Dom. Vincentio olim enotata, cum prolegomenis, annotatione, indice*, Lutetiae Parisiorum 1830, p. 83.

19 Nam Querolus uidetur potius ut legeretur quam ut in scaenis ageretur scripta esse; cf. *Prolegomena* mea supra laudata.

dum et **V**^{R} consentit, secutus illum siglo MAND. indicaui. Pantomalum autem libet eo modo contrahere ut fiat PANT., quod legitur semper in **H**, interdum etiam in **V**^{R}.

VII. DE RATIONE SCRIBENDI ET INTERPUNGENDI

Pauca etiam de ratione interpungendi et scribendi dicenda sunt. In re orthographica plerumque codices secutus sum; nihil enim censui contra testes immutandum esse. Ne insolentiore quidem modo scripta corrigere uolui, cum probari posset ea ratione auctores inferioris aetatis scripsisse. Noli igitur, quaeso, grauiter ferre quod hic illic nouissima quaedam sicut fraumentum postolare temtare legis. Ubi autem discrepant inter se codices potiores **HV**, plerumque codicem **H** secutus sum. Non enim potest dubitari quin Heiricus adnotator **V**^{2} etiam eiusmodi multa ad arbitrium suum mutauerit et ad regulam suam accommodauerit, Sciassius autem librarius codicis **H** uerba quantum posset ad fidem exemplaris descripserit.

In interpungendo autem codices non respexi,[20] sed solum sensum ducem habui. Hoc fit ut hic illic libenter ab editionibus prioribus codicibusque manuscriptis discesserim.

VIII. DE APPENDICIBUS

In fine huius editionis duae inueniuntur appendices. In priore Legem conuiualem edendam curaui quam supra admonui ab codicibus omnibus praeter **C** una cum Querolo tradi nec a fabula nostra distingui, quamquam ad fabulam Lex plane non pertinet. In illa edenda non alia ratione usus sum atque in Querolo, quoniam utriusque memoria iisdem codicibus stat nec usquam alibi uestigia Legis conuiualis inuenta sunt.

Posterior appendix editionem principem praebet illius exitus quem corrector Cantabrigiensis **C**^{4} in loco Legis conuiualis scripsit. Hunc exitum non aliunde in codicem Cantabrigiensem descriptum esse mihi persuasum est, praesertim cum librarius ipse permulta eraserit muta-

20 Nonnumquam tamen commemoraui quomodo librarius in codice suo interpunxisset, si mihi sensum melius perspexisse uisus erat quam editores.

ueritue et medio in uerbo ultimo defecerit. Quare in eo edendo modum indicare censui quo scriptus est in codice. Textum igitur ita scripsi ut scribitur in codice.

IX. GRATIARUM ACTIO

Hic liber profectus est a dissertatione inaugurali, quae ex editione prolegomenisque confecta anno MMXX ab universitate Coloniensi accepta est.

Viros doctissimos qui me in editione conficienda multum iuuerunt nolo silentio praeteriri. Primum J. F. Gaertner gratias ago quam maximas, qui operi meo usque a principiis summo studio maximaque liberalitate adesse numquam destitit. Etiam P. Orth et T. Riesenweber mihi Querolo fabulae studenti operam dederunt non paruam. Vterque consilium praecepta doctrinam suam mecum communicauit et hanc editionem adiuuit. C. M. Lucarini libenter ad textum constituendum praefationemque emendandam contulit. Consiliatoribus quoque Teubnerianis, praecipue dico M. D. Reeve et M. Deufert, qui operi meo iam fauerint antequam in bibliothecam Teubnerianam acciperetur (quo facto ualde gaudeo) et postea hanc praefationem legerint correxerintque, habeo gratiam.

Denique Hannam dilectissimam praeterire nolo, quae tam diu mihi studiisque meis iudicio acerrimo et amore fidissimo sine intermissione adest.

INDEX EDITIONUM ET COMMENTATIONUM QUAE IN APPARATU CRITICO LAUDANTUR

Barth = Caspar von Barth, *Adversariorum Commentatiorum Libri LX*, Francofurti 1624.

Berengo = Giovanni Berengo, ed., *Querolo ossia Aulularia. Di autore incerto commedia togata. Tradotta per la prima volta*, Venetiis 1851.

Cannegieter = Coniecturae Cannegieteri inueniuntur in editione Klinkhameri.

Corsaro = *Incerti Auctoris Querolus sive Aulularia. Recensuit, italice vertit* Franciscus Corsaro, Cataniae 1964; et idem, *Querolus. Studio introduttivo e commentario*, Bononiae 1965.

Daniel = *Querolus. Antiqua comoedia, nunquam antehac edita, quae in vetusto codice manuscripto Plauti Aulularia inscribitur, nunc primum a* Petro Daniele Aurelio *luce donata, et notis illustrata*, Parisiis 1564.

Daniel^{2} = Aliae coniecturae Petri Danielis, cuius in editione altera inueniuntur quae numquam promulgata est (hodie asseruatur in bibliotheca uniuersitaria Bernensi in libro qui est insignitus siglo MUE Bong VI 214: 1–5), laudantur ab Orellio.

Deufert = Marcus Deufert coniecturas suas mecum communicauit.

Emrich = Willi Emrich, "Zum Text des Querolus", in: *Philologus* 105, 1961, pp. 111–122.

Gruter = Coniecturae Gruteri iueniuntur in editione Rittershusii.

Havet = *Le Querolus. Comédie latine anonyme. Texte en vers restitué d'après un principe nouveau et traduit pour la première fois en français. Précédé d'un examen littéraire de la pièce par* Louis Havet, Parisiis 1880.

Herrmann = *Querolus (Le Grognon). Texte établi et traduit par* Léon Herrmann, Bruxellis 1937; et *Avianus. Œuvres, éditées et traduites par* Léon Herrmann, Bruxellis 1968.

Heyl = Wilhelm Heyl, *De Querolo comoedia quaestiones selectae*, diss. Giessae 1912.

Klinkhamer = *Querolus siue Aulularia, incerti auctoris comoedia togata. Recensuit et illustrauit* Sibout C. Klinkhamer, Amstelodami 1829.

Koen = Coniecturae Koenii inueniuntur in editione Klinkhameri.

Leumann = Manu Leumann, *Lateinische Laut- und Formenlehre,* Monaci [5]1977.

Löfstedt = Einar Löfstedt, "Coniectanea", in: *Eranos* 11, 1911, pp. 245–248.

Lucarini = Carolus M. Lucarini coniecturas suas mecum communicauit.

Lucarini (Coniect.) = Carolus M. Lucarini, "Coniectanea (IV)", in: *Philologia Classica* 16, 2021, pp. 370–387.

Luck = Georg Luck, *Über einige Interjektionen der lateinischen Umgangssprache*, Heidelbergae 1964.

Muellenbach = Quae Muellenbachius in libello suo non extante qui inscriptus erat *Querolus fabula quando et ubi scripta sit, sermonis potissimum inquisitione definiatur* coniecit refert Heyl.

Orelli = *M. Tullii Ciceronis Orator Brutus Topica De optimo genere oratorum cum annotationibus Caroli Beieri et editoris denuo recensuit* Ioannes Caspar Orellius. *Praemittitur epistola critica ad Ioannem Nicolaum Maduigium*, Turici 1830.

Pareus = *M. Acci Plauti Sarsinatis Comoediae XX Superstites*. J. Philippus Pareus Dav. Filius *restituit, et notis perpetuis illustrauit. Accessit praeter alia emendatae huic editioni Plautus Hypobolimaeus; Hoc est: Gildae Sapientis Britanni Querolus, siue Aulularia*. Francofurti 1610 (ed. altera Neapoli Nemetum 1619, ed. tertia Francofurti 1641).

Paris = Gaston B. P. Paris, censura editionis Peiperi, in: *Revue Critique d'Histoire et de Littérature* 9, 1875, pp. 374–377.

Peiper = *Aulularia siue Querolus. Theodosiani aeui comoedia Rutilio dedicata. Edidit* Rudolfus Peiper, Lipsiis 1875.

Pithou = Coniecturae Pithoeanae inueniuntur in ultima pagina editionis Danielis.

Ranstrand = *Querolus siue Aulularia. Incerti auctoris comoedia una cum indice uerborum. Edidit* Gunnar Ranstrand, Gothoburgi 1951.

Reeve = Michael D. Reeve coniecturas suas mecum communicauit.

Reeve (Tric.) = Michael D. Reeve, "Tricipitinus's Son", in: *Zeitschrift für Papyrologie und Epigraphik* 22, 1976, pp. 21–31.

Riesenweber = Thomas Riesenweber coniecturas suas mecum communicauit.

Rittershusius = Conradus Rittershusius, *Plauti Querolus siue Aulularia ad Camerarii codicem ueterem denuo collata. Eadem a Vitale Blesen-*

si elegiaco carmine reddita et nunc primum publicata. Additae P. Danielis, C. Rittershusii, I. Gruteri notae. Ex typographeio H. Commelini [Heidelbergae] 1595.
Studemund = Wilhelm Studemund, censura editionis Peiperi, in: *Jenaer Litteraturzeitung* 2, 1875, pp. 621–622.
Süß = Wilhelm Süß, "Über das Drama Querolus sive Aulularia", in: *Rheinisches Museum* 91, 1942, pp. 59–122.
Thomas = Paul Thomas, "Observationes ad scriptores Latinos", in: *Mnemosyne* 49, 1921, pp. 1–75.
Wagner = Wilhelm Wagner, censura editionis Peiperi, in: *Literarisches Centralblatt*, 1875, p. 752.
Wernsdorf = Coniecturae Wernsdorfi inueniuntur in editione Peiperi.

CONSPECTUS SIGLORUM

CODICES MANUSCRIPTI

Ω consensus utriusque familiae

W apographon charta perlucida anno MDCCCXCVII exaratum partis codicis Remensis hodie deperditi saec. ix^{1}

H Hamburgensis, Staatsbibliothek, in scrinio 185, anno MDCLX exaratus

V Vaticanus Latinus 4929, saec. ix$^{3/4}$

- **V**^{1} ea manus quae descripsit codicem V integrum, interdum se ipsam corrigens
- **V**^{2} manus altera (Heirici Autissiodorensis, ut uidetur) quae prima correxit quae scripta erant a V^{1} et notas quasdam inter lineas et in margine addidit, ea ipsa aetate qua conscriptus est codex V
- **V**^{R} eadem manus titulos siglaue personarum rubricans
- **V**^{Rc} eadem manus se ipsam corrigens in rubricationibus
- **V**^{3} manus tertia quae mutauit permulta necnon addidit notas perfusiores, circiter annum uidelicet MC
- **V**^{c} manus cuiusdam correctoris quae utrum V^{1} an V^{2} an V^{3} attribuenda sit non satis liquet
- **V*** consensus codicum LRβ (uel LR uel Rβ uel Lβ) his tantum locis laudatus, quibus supplent lectiones in V erasas; uncis conuexis inclusi litteras etiam in V integre seruatas, ut fit *(simil)em* V*, hoc est *simil//* V: *similem* LRβ

L Leidensis Vossianus Latinus in quarto 83, saec. ix^{2}

- **L**^{c} eadem manus se ipsam corrigens

R Vaticanus Palatinus Latinus 1615, saec. xi$^{2/4}$

- **R**^{2} manus altera non multo posterior

β consensus codicum PB

P Parisinus Latinus 8121A, saec. xi^{2}

B Bruxellensis 5328/5329, saec. xii

S Vaticanus Reginensis Latinus 314, saec. xii[2]
A Mediolanensis Ambrosianus H 14 inf., circiter annum MCD exaratus
K Londiniensis Sloanensis 1777, circiter annum MCC exaratus
C Cantabrigiensis, University Library, Kk. 5. 14, saec. xvi[2]
- **C**^{4} manus quarta quae ipsa codicis partem (inde a 85.6) descripsit
- **C**^{4c} eadem manus quae uel manus alias (usque ad 85.5) uel se ipsam (inde a 85.6) correxit

Φ^{a} codex quidam florilegii Angelici
Φ^{g} codex quidam florilegii Gallici

In apparatu critico non laudatur Vaticanus Ottobonianus Lat. 1549, annis paucis ante MDCXX exaratus.

SIGLA QUAE IN EDITIONE INUENIUNTUR

⟨ ⟩ uerba uel litterae quas addendas censui
{ } uerba uel litterae quas delendas censui
⌜ ⌝ uerba uel litterae quas transponendas censui
⟨***⟩ lacuna quam statuendam censui
Litterae a me aliisue mutatae *litteris italicis* indicantur.

+ uide quae in commentariis ad locum disputaui
° lectionem uel coniecturam suadet numerus

⟨DEDICATIO⟩ 3 Ranstrand

Rutili venerande semper magnis laudibus, qui das honoratam quietem, **1**
quam dicamus ludicris, inter proximos et propinquos honore dignum
⟨dum⟩ putas, duplici fateor et ingenti me donas bono hoc testimonio,
hoc collegio. Haec vera est dignitas.
Quaenam ergo his pro meritis digna referam praemia? Pecunia, illa **2**
rerum ac sollicitudinum causa et caput, neque mecum abundans neque
apud te pretiosa est. Parvas mihi litterolas non parvus indulsit labor. 2
Hinc honos atque merces, hoc manebit praemium. Atque ut operi 3
nostro aliquid adderetur gratiae, sermone illo philosophico ex tuo
materiam sumsimus. Meministine ridere tete solitum illos, qui fata 4
deplorant sua, atque academico more, quod libitum foret, destruere et
adserere {te solitum}? Sed quantum licet? Hinc ergo quid in vero sit, 5
qui solus novit, noverit. Nos fabellis atque mensis hunc libellum
scripsimus.
Materia haec est. Pater Queroli nostri fuit avarus Euclio. Hic Euclio **3**.2
aurum in ornam congessit olim quasi busta patris odoribus insuper
infusis tituloque extra addito. Navem ascendens ornam domi defodit;
rem nulli aperuit. Hic peregre moriens parasitum ibidem cognitum filio 3
coheredem instituit tacita scripturae fide, si eidem thesaurum occultum
sine fraude ostenderet. Locum tantummodo thesauri senex ostendit 4 R.
oblitus doli. Parasitus navem ascendit, ad Querolum venit et rupit 4
fidem, magum mathematicumque sese fingens et quicquid mentiri fur
potest. Ea, quae a patrono didicerat, Queroli secreta et familiaria quasi
divinus loquitur; Querolus fidem accommodat auxiliumque poscit. **4**
Parasitus magus domum purificat et puram facit. Sed ubi primum 2
libere ornam inspexit, vetere decipitur dolo: bustum quod simulabatur 3
credidit atque inrisum se putat. Inde ut aliquatenus sese ulcisceretur,
ornam Queroli in domum callide et occulte obrepens per fenestram

1 Dedicatio *add. Herrmann* **3** *ante* inter *add.* et *Thomas* **4** dum *add. Peiper*: quod *add. Klinkhamer*: me *add. Riesenweber, secutus Thomam* **4–5** hoc – hoc ***V***: hac – hac ***H*** **7** ac ***V***: hac ***H*** **9** manebit ***Hβ***: manebat ***V*** **13** te solitum ***Ω***, *delevi*: 11 solitum *del. iam Klinkhamer* | licet ***H***: hoc est ***V*** **14** libellum ***H***: librum ***V*** **16** Euclio[2] ***V***: *om.* ***H*** **18** tituloque ***H***[a.c.] ***V***: titulo quae ***H***[p.c.] defodit ***H P***: fodit ***V***: infodit ***B*** **26** purificat et puram facit ***Ω***: purificat et *del. Klinkhamer*: et puram facit *del. Rittershusius* **28** sese ***H***: se ***V***

4 pro*p*ulit. Qua explosa et comminuta bustum in pretium vertitur. Itaque
thesaurus aurum contra rationem et fidem cum lateret perdidit, cum
5 perisset reddidit. Postea re conperta parasitus revolat et partem petit.
Sed quia quicquid abstulerit confitetur, quicquid retulerit non docet,
2 primum furti, post etiam sepulchri violat*i* est reus. Exitus ergo hic est:
ille dominus, ille parasitus denuo fato atque merito conlocantur sic
ambo ad sua.

6 Tuo igitur inlustri{s} libellus iste dedicatur nomini. Vivas incolomis
atque felix votis nostris et tuis.

PROLOGUS

7 Pacem quietemque ⟨a⟩ vobis, spectatores, noster sermo poeticus rogat,
qui Graecorum disciplinas ore narrat barbaro et Latinorum vetusta
vestro recolit tempore. Praeterea precatur et sperat non inhumana voce,
ut qui vobis laborem indulsit vestram referat gratiam.

5 R. **8** Aululariam hodie sumus acturi: non veterem ac rudem, ⟨sed⟩
2 investigatam et inventam Plauti per vestigia. Fabella haec est: felicem hic
inducimus fato servatum suo atque e contrario fraudulentum fraude
deceptum sua. Querolus, qui iam nunc veniet, totam tenebit fabulam.
3 Ipse est ingratus ille noster, hic felix erit. E contrario Mandrogerus
aderit fraudulentus et miser. Lar Familiaris, qui primus veniet, ipse
4 exponet omnia. Materia vosmet reficiat, si fatigat lectio.

9 In ludis autem atque dictis antiquam nobis veniam exposcimus.
Nemo sibimet arbitretur dici, quod nos populo dicimus, neque
propriam sibimet causam constituat communi ex ioco. Nemo aliquid
10 recognoscat: nos mentimur omnia. Querolus an Aulularia haec dicatur
2 fabula, vestrum hinc iudicium, vestra erit sententia. Prodire autem in
agendum non auderemus cum clodo pede, nisi magnos praeclarosque
in hac parte sequeremur duces.

1 protulit ***Ω***, *corr.* V^3*; cf. 87.2* **2** thesaurus aurum ***H***: thesaurum ***V*** **5** violati *Daniel*: violator ***Ω*** **8** inlustris ***Ω***, *corr. Daniel* ⁺: ⟨vir⟩ inlustris *Barth* | vivas ***V***: vigeas ***H*** **10** Prologus ***H***: *om.* ***V*** **11** a vobis R^2: vobis ***Ω***: vos ***β*** | noster ***H***: nostros ***V*** | sermo ***V***: *om.* ***H*** **15** ac ***Ω***: at *Rittershusius* | sed *add. Deufert*: at *add. Herrmann* **16** et inventam ***Hβ***: *om.* ***V*** **19** e ***H***: *om.* ***V*** **21** reficiat ***H***: reficiet ***V*** **24** ioco ***V***: loco ***H*** **25** an $H^{p.c.}$ ***V***: ah $H^{a.c.}$: aut $H^{p.c.}$ *i. m.*

LAR FAMILIARIS I

LAR. Ego sum custos et cultor domus, cui fuero adscriptus. Aedes nunc **11**
istas rego, e quibus modo sum egressus. Decreta fatorum ego tempero. 2
Si quid boni est, ultro accerso; si quid gravius, mitigo. Queroli nunc 3
sortem administro, huius ingrati non mali. Hic exinde sibimet sufficiens
fuit, quod primum est bonum; nunc autem etiam locupletissimus erit:
sic meritum est ipsius. Nam quod pro meritis reddendum nobis non 4
putatis, ipsi vosmet fallitis.

Ordinem autem seriemque causae breviter iam nunc eloquar: Pater **12** 6 R.
huius Queroli Euclio fuit avarus et cautus senex. Hic *e*norme pondus
auri olim in ornam condidit. Sic quasi ⟨busta⟩ paterna venerans aurum
celabat palam. Peregre vadens ornam domi sepeliit ac reliquit ante aras 2
meas. Tumulum suis, mihi thesaurum commendavit. Abiit neque
redi⟨i⟩t senex. Peregre moriens uni tantummodo rem indicavit fraudu- **13**
lento et perfido, cui tamen sive oblitus sive supervacuum putans de
busto et titulo nihil exponit. Querolo iuxta fatum hoc sufficit. Nunc 2
ergo thesaurus domi habetur omnibus ignotus et notus tamen. Erat
sane facile nobis aurum domino ostendere aut responso aut somnio.
Sed ut agnoscant homines nemini auferri posse quod dederit deus, 3
aurum quod fidei malae creditum est furto conservabitur. Fur ergo iam 4
nunc aderit per quem nobis salva res erit. Iste ornam cum reppererit,
bustum putabit: sic ille prospexit senex. Praedam qui abstulerit,
reportabit; totumque reddet qui parte{m} contentus non fuit. Itaque
bene perfidus alteri fraudem infert, damnum sibi.

Tamen ne frustra memet videritis, exponere quaedam volo. Quero- **14**
lus iste noster, sicut nostis, omnibus est molestus, ipsi si fas est deo:
homo ridicule iracundus itaque ridendus magis. Disserere cum istoc
volupe est et confutare vanam hominum scientiam. Fatum itaque iam 2
nunc et hominem e diverso audietis. Vos iudicium sumite. Genium 3
autem ipsius esse me quantum fieri potuerit cautissime confitebor, ne
quod mihi faciat malum. Nam maledicere mihimet numquam cessat

1 Lar Familiaris ***V***^{R}: lar ***H*** *i. m.* **2** *post* LAR *add.* familiaris ***H*** **4** ultro ***H***: ultra ***V*** **5** ingrati ***H***: non grati ***V*** **10** enorme ***H***$^{p.c.}$ ***V***^{2}: inorme ***H***$^{a.c.}$ ***V***^{1} **11** busta *add.* ***V***^{3} *ut glossema* **13** abiit ***V***: abit ***H*** **14** rediit ***B***: redit ***Ω*** **17** domi ***V***: *om.* ***H*** **21** iste – reppererit ***V***: *om.* ***H***$^{a.c.}$, *add.* ***H***$^{p.c.}$ *i. m.* **23** qui ***H β***: *om.* ***V*** partem ***Ω***, *corr.* ***V***^{c} | non ***H β***: *om.* ***V***

15 ille noctes ac dies. Sed e*c*cum ipsum audio: Fatum et Fortunam clamitat. Iste ad me venit, patrem peregre mortuum audivit. Hui quam graviter
7 R. 2 dolet, ut sunt humana, credo quia nihil relictum comperit! Et quid ego nunc facio? Avolare subito hinc non possum. Nimium memet credidi.
3 Oportune amigerum hic tridentem video: praesidium hercle non malum! Querolus si molestus esse hodie non destiterit, faciam ut queratur
4 iustius. Unde esse hoc dicam? Piscatores mane hac praeterisse vidi, ipsis forte hoc excidit.

II QUEROLUS ET LAR FAMILIARIS

16 QUER. O Fortuna! O Fors Fortuna! O Fatum sceleratum atque impium! Si quis nunc mihi tete ostenderet, ego nunc tibi facerem et constituerem fatum inexsuperabile.

2 LAR. Sperandum est hodie de tridente. Sed quid cesso interpellare atque adloqui? Salve, Querole.

3 QUER. Ecce iterum rem molestam: ‘salve, Querole’. Istud cui bono tot hominibus hac atque illac ‘have’ dicere? Etiam si prodesset, ingratum foret.

4 LAR. M*i*santropus hercle hic verus est. Unum conspicit, turbas putat.

5 QUER. Quaeso, amice, quid tibi ⸢mecum est⸣ ⸢rei⸣? Debitum reposcis an furem tenes?

LAR. Iracundus nimium es, Querole.

QUER. Heia, ego officium sum aspernatus; adicit et convicium.

6 LAR. Mane paulisper.

QUER. Non vacat.

LAR. Sic necesse est: mane.

8 R. **17** QUER. Iam istud ad vim pertinet! Age dic, quid vis.

2 LAR. Scin tu, quam ob causam tridentem istum gestito?

10 Ter. *Phorm.* 841: o Fortuna, o Fors Fortuna! **13–14** Ter. *Andr.* 845–846: cesso adloqui? / ... o salve, bone vir. **19** Plaut. *Men.* 494: adulescens, quaeso, quid tibi mecum est rei?

1 ac ***H***: et ***V*** | eccum C^{4c} *Daniel*: et cum ***Ω*** **9** et ***H***: *om.* ***V*** **10** QUER V^{R}: *om.* ***H*** **15** molestam ***V***: molestem ***H*** **18** misantropus *scripsi (*misanthropus *iam* $H^{p.c.}$ *i. m.)*: mesantropus ***Ω*** **19** mecum est rei *Riesenweber, coll. Plaut. Men. 494* : rei mecum est ***Ω*** **27** tridentem ***V***: tridentum ***H***

Quer. Nescio edepol, nisi quod primum propter inportunos inventum esse hoc reor.

Lar. Idcirco hunc gestito, ut si me adtigeris, talos transfodiam tibi.

Quer. Dixin hoc fore? Nec salutatio inpune hic datur! Non mala hercle 3
est condicio: neque te contingo neque tu me contigeris. Vale. Ite et 4
conserite amicitias. Ecce adfabilitas prima quid dedit.

Lar. Mane. Ego sum quem requiris quemque accusas, homuncio. 5

Quer. Oe, talos ego incolomes ferre hinc volo.

Lar. Non tu paulo ante fatum accusabas tuum? 6

Quer. Accuso et persequor.

Lar. Ades ergo huc: ego sum.

Quer. Tu fatum es meum?

Lar. Ego sum Lar Familiaris, fatum quod vos dicitis. 7

Quer. Te ego iam dudum quaero: nusquam hodie pedem!

Lar. Praemonueram de tridente. Cave ab⟨i i⟩stinc! 8

Quer. Immo tu cave!

Lar. Ego iam prospexi.

Quer. Quidnam hoc est praestigium? 9

Lar. Apage sis, homo ineptissime! Hic nullum est praestigium. Desiste, nisi excipere mavis trina pariter vulnera.

Quer. Attat vero simile est esse hunc nescio quem de aliquibus vel **18**
geniis vel mysteriis: ita seminudus dealbatusque incedit, toto
splendet corpore. Euge, Lar Familiaris, processisti hodie pulchre. 2 9 R.
Sed non totum intellego: quod seminudus es, recognosco, unde dealbatus, nescio. Egomet iam dudum apud carbonarias agere te putabam, tu de pistrinis venis.

Lar. Hei⟨a⟩, etiam istud de meo, quod in malis tuis commode iocaris! 3
Audi nunciam: permovet nosmet, Querole, tua quamvis inanis 4

3 Plaut. *Rud.* 759: quas si attigeris, oculos eripiam tibi. **4** Ter. *Ad.* 83: dixin hoc fore? **13** Plaut. *Aul.* 2: ego Lar sum Familiaris (: sum Lar *Priscianus, Probus*). **14** Ter. *Ad.* 720: te iam dudum quaero. | Ter. *Ad.* 227: nusquam pedem. **19** Plaut. *Poen.* 225, Ter. *Eun.* 756, Afran. *Vopisc.* fr. 384: apage sis. **23** Ter. *Ad.* 979: processisti hodie pulchre.

5 tu me ***HB***: me tu ***V***: tu *supra* me ***P*** **7** homuncio ***H***$^{p.c.}$ *i. m.* ***V***: hominio ***H***$^{a.c.}$ **8** oe ***Ω***: ohe ***V***^{3} **15** abi istinc *Muellenbach* (abistinc *iam* ***V***^{3}): abstinc ***Ω***: abstine *Pareus* **16** immo tu ***V***: immotum ***H*** **21** simile est ***H***: (simil)em ***V**** **22** ita ***H***: iste ***V*** **27** heia *conieci*: hei ***Ω*** **28** nunciam *scripsi* $^{+}$: nunc iam ***Ω***

querimonia. Idcirco itaque veni, ut ratio tibi ex integro redderetur, quod nemini antehac contigit.

5 QUER. Tibine rationem rerum humanarum licitum est nosse atque exponere?

6 LAR. Et novi et doceo proinde, quicquid exinde quereris. Hodie totum expromito.

QUER. Dies deficiet ante.

7 LAR. Breviter percurre pauca, de quibus nunc tibi exponantur omnia.

8 QUER. Unum solum est, unde responderi mihi volo: quare iniustis bene est et iustis male?

9 LAR. Primum (ut apud vosmet fieri video) de persona est quaestio. Cuinam tu verba promis, tibine an populo?

QUER. Et populo et mihi.

10 LAR. Cum tu tibi ipse sis reus, quemammodum ⟨accu⟩satis aliisque multis defensorem te paras?

QUER. Ego novi me reum non esse.

11 LAR. Ergo posthac assertio conticiscet, si persona exploditur. Inter bonos an inter malos tete numeras?

12 QUER. Etiam quaeritas, quid mihimet ipse videar, cum de scelestis conquerar?

10 R. 13 LAR. Si probo de illis tete esse quos accusas {hoc est de malis}, pro quibus posthac loquere?

14 QUER. Si criminosum me esse conviceris, necesse est meritis ut meis sensum accommodem.

19 LAR. Celeriter nunc mihi responde, Querole: quanta iam putas fecisse te capitalia?

2 QUER. Equidem nullum quod sciam.

LAR. Nullumne? Ergo exciderunt omnia.

QUER. Immo omnia prope retineo, sed scelus nullum scio.

3 LAR. *Eho* Querole, furtum nunquam admisisti?

QUER. Numquam ex quo destiti.

4 LAR. Hahahae, hoc est numquam admisisse?

9 unde ***V***: de quo ***H*** | responderi ***H*** V^2 ***L*** $B^{p.c.}$: (responder)e ***V**** **14** tibi ***Ω*** *et* satis ***Ω*** *commut. Koen* | accusatis *conieci* $^{+}$: satis ***Ω***: *post* satis *add.* tibi V^3 *s. l.* **17** conticiscet ***V***: conticiscit ***H*** **21** tete ***V***: te ***H*** | hoc est de malis ***Ω***, *delevi* **29** prope ***H***: paene ***V*** **30** heo ***Ω***, *corr.* V^3 | nunquam ***H***: nullum ***V***

QUER. Quod verum est non nego: adulescens quaedam feci, fateor, laudari quae solent.

LAR. Cur igitur destitisti de scelere tam laudabili? Transeamus istud. **20**
Quid de falso dicimus?

QUER. Hem quis autem verum dicit? Istud commune est. Abi.

LAR. Idcirco crimen non est? Quid de adulterio? 2

QUER. Attat etiam hoc crimen non est.

LAR. Quando autem licitum esse coepit? 3

QUER. Men rogas, quasi tu nescias? Hoc est, quod nec permitti nec prohiberi potest.

LAR. Quid ad haec, Querole: videsne te contra licitum vivere? 4

QUER. Si tu me ad haec revocas, nemo est innocens.

LAR. Et tamen non de omnibus tete interrogavi, si reminisceris. 5

QUER. Nihil est amplius.

LAR. Nulli igitur mortem optasti? **21**

QUER. Nemini. 11 R.

LAR. Quid si convinco?

QUER. Nihil est quod respondeam.

LAR. Dic mihi, si soceros numquam habuisti. 2

QUER. Ecce iterum generalia.

LAR. Ergo omnia de omnibus confiteris? 3

QUER. Quando sic interrogas.

LAR. Quando haec tibi levia videntur, nescio quid sit, quod crimen 4
putes. Dic mihi praeterea, quotiens perieraveris. Expone celeriter.

QUER. Bona hora hoc exaudiat: istud a me semper alienum fuit.

LAR. Quanto amplius quam milies perieraveris, hoc requiro. Saltim hoc 5
dicito.

QUER. Oe, illa tu nunc requiris cotidiana et iocularia.

LAR. Non facile intellego, periurium ioculare quid putas. Tamen trans- 6.7
eamus, quod ut video consuetudo iam fecit leve. Quid igitur? Sciens

9 Plaut. *Men.* 639–640: quasi tu nescias, / me rogas? **18** Plaut. *Trin.* 188: nihil est quod respondeam.

7 non ***V***: *om.* ***H*** **20** generalia ***H*** V^{c}: generali V^{1} **23** haec ***V***: hae ***H*** **24** perieraveris $H^{a.c.}$ V^{1}: peieraveris $H^{p.c.}$ V^{2} **26** perieraveris $H^{a.c.}$ V^{1}: peieraveris $H^{p.c.}$ V^{2} **28** oe ***Ω***: ohe V^{3}

prudensque sacramentorum numquam rupisti fidem? Ut alia reticeam, numquam iurasti amare te, quem iuratus oderas?

8 Quer. Heu me miserum. Quid ego hodie mali cum istoc repperi? Iuravi saepe, fateor, quod *cum* staret verbis non staret fide.

9 Lar. Urbane igitur perierasti: fieri hoc solet. Quanto mallem, ut sermo
10 †met† laberetur et staret fides. Tune, Querole, verbis te absolutum esse credis? Perierat saepe qui tacet. Tantum est enim tacere verum quantum et falsum dicere.

11 Quer. Omnia igitur peregisti, totum commerui. Vale.

12 R. **22** Lar. Immo nihil est actum, Querole, nisi sequantur haec duo: primum contra meritum tuum miserum te non esse ut conprobem; secundo etiam felicem tete esse iam nunc ipse intellegas.

2 Quer. Ergone egomet aerumnosus non sum?

3 Lar. Es, fateor, sed vitio tuo. Atque ut in omnibus revincare, expone breviter, de quibus quereris maxime.

4 Quer. Primum tibi, geniorum optime, conqueror de amicis.

5 Lar. Spes bona, quid de inimicis iste faciet? In quo tamen amicitiarum te laesit fides?

6 Quer. Nemo mihi magis molestus quam familiaris neque magis morigerus quam leviter cognitus.

7 Lar. Quidnam hoc mirum est, si te qui novit despicit, qui non novit diligit?

8 Quer. Agimus tibi gratias, Lar Familiaris. Tu nos ornas in omnibus.

9 Lar. Iam intellego, quid querere. Visne brevibus remedium hinc dari?
Quer. Valde cupio.

23 Lar. In amicitiam et fidem stultum ne receperis. Nam insipientum atque improborum facilius sustinetur odium quam collegium.

2 Quer. Quid si sapiens non erit?
Lar. Stultos ingenio rege.

3 Quer. Quomodo?

17 Plaut. *Rud.* 231: spes bona.

1 reticeam ***H***: taceam ***V*** **4** cum staret L^c ***β***: constaret ***Ω*** **5** perierasti $H^{a.c.}$: peierasti $H^{p.c.}$ ***V*** **6** met ***H***, *fort. delendum*: *ras. c. 3 litt.* ***V***: meus *tempt. Lucarini, quod a vero fortasse non longe abest* **7** perierat ***H*** V^1: peierat V^2 **12** intellegas ***V***: intellegar ***H*** **14** es ***H***: et ***V*** | sed vitio ***V***: servitio ***H*** **18** te laesit ***V***: telesti ***H*** **26** insipientum ***V***, *fort.* insipientium *scribendum*: incipientum ***H***

{Lar. Vis te non decipi?
Quer. Cupio.}
Lar. Ne credideris nemini. In tua est potestate, ne decipiaris: cur accu- 4
sas perfidos? Visne tibi honorem deferri?
Quer. Maxime.
Lar. Inter miseros vivito. 5
Quer. Prope vera loqueris. 13 R.
Lar. Visne te non decipi, maxime a tuis? 6
Quer. Vellem, si fieri potest.
Lar. Dicam, quod dictum est prius. Nemini te, Querole, nimis sodalem 7
feceris. Res nimium singularis est homo: ferre non patiens parem. 8
Minores despicitis, maioribus invidetis, ab aequalibus dissentitis.
⟨Quer.⟩ Dic quaeso, quid placeat. 9
⟨Lar.⟩ Ergo secundum vitia et mores quid sit tenendum, discito. Com- 10
peta comessationes vinum turbas respue. Quem tu maxime tibimet
obligare volueris, quanto levius nectito. Conventus vero et dibac- 11
chationes et ioca frivola non quaero, ut amorem pariant. Utinam
nihil odiorum darent!
Quer. Quid quod plures huiusmodi societate optime utuntur? 12
Lar. Novi omnia. Illos mihi tu narras, qui totum occultant. Nimium 13
vel prudentes vel felices sunt, quos requiris. Hoc ad Querolum non
facit.
Quer. Est aliud quod accusem. Pauper ego sum quidem sicut tu vel **24**
nosti vel facis, sed hoc mecum tolerabile est. Illud prorsus non fero, 2
quod tenuitati nemo ignoscit neque cuiquam ⟨***⟩ ut aliquem dicat
pauperem.
⟨Lar.⟩ Quid praeterea?
⟨Quer.⟩ Hui quantum! Adiciunt stultitiam neglegentiam somn{i}um 3
et gulam. Patientia desidiae, acrimonia crudelitati adsignantur: sic

10–11 Mart. 12.34.10: nulli te facias nimis sodalem.

1–2 Lar – Cupio ***Ω***, *delevi ut e 23.6 huc translatum* **10** dictum ***V***: dictu ***H*** **13** dic – placeat *Querolo trib. Gruter* **14** competa ***H***: compara ***V*** **17** utinam ***V***: utininam ***H*** **24** illud ***V***: illico ***H*** **25** *verbum quoddam velut* sufficit *hoc vel propiore loco elapsum esse mihi persuasum est*: sufficit *post* cuiquam *add. Orelli*: sat est *post* pauperem *add. Havet*, *post* cuiquam *add. Lucarini* **27** quid praeterea *Lari trib. Koen* **28** *post* quantum *interpunxi*: *post* adiciunt ***V***, *edd. cett.* somnium ***Ω***, *corr.* ***V***[2] **29** adsignantur ***H L***, adsign//// ***V***: adsignatur ***R β***

14 R. vertuntur omnia. Nemo ad facultates, nemo ad sensum respicit: semper dives diligens, contra pauper neglegens.

4 LAR. Censoribus haec reserva, Querole. Nunc autem illud dicito, quod specialiter te inquietat et gravat. Nam ista quae protulisti communia sunt et antiqua paupertatis crimina. Tamen tu neque dives neque pauper es. Hoc si agnosceres, felix eras.

5 QUER. Scisne me nuper patrem amisisse?

LAR. Servasti praeceptum! Speciale hoc plane est. Hoc est, quod nemini antehac contigit. Quid igitur? Nonne iustum hoc fuit, patrem ut efferret filius?

6 QUER. Fateor, sed pater ipse nihil reliquit.

LAR. Dura deploratio! Exequias inanes tibi contigisse luges. Irasceris
7 ergo, non doles. Patri certe nihil defuit tibique hodie nihil defit.
Non enim hoc parva hereditas. Suscensesne senio? Saltim extremo
8 sibimet vixit, qui semper tibi. Utinam tu heredibus tantum relinquas, quantum reliquit Euclio. Dic ergo aliud: iam istinc nihil audio.

25 QUER. Servus mihi est quem tolerare nequeo: Pantomalus et mente et nomine.

2 LAR. Felicem te, Querole, si unus tibi est Pantomalus: multi Pantomalos habent.

QUER. Sed plures audio, qui suos etiam laudant.

3 LAR. Isti peiores habent.

QUER. Cur igitur laudant?

LAR. Quia quid deperdant, nesciunt.

26 QUER. Tempestas maxime fructus meos abstulit: numquid commune hoc fuit?

15 R. 2 LAR. Non uno genere homines puniuntur. Tibi tempestas obfuit, alter aliud pertulit.

QUER. Oe, consortes mei iam dudum nihil incommodi pertulerunt.

LAR. Fallis turpiter.

3 QUER. Da quaeso veniam. Ignorabam peculiarem tibi curam esse hanc

16 Ter. *Heaut.* 1056: nil audio.

1 sensum *cod. Vat. lat. 3087* (**Φ^a**)*, Herrmann*: censum ***Ω*** **8** speciale ***V***: specialem ***H*** **9** patrem ***H***: bustum ***V*** **14** suscensesne senio? *sic interpunxi*[+]: *post* suscensesne *Klinkhamer*: *post* extremo *Daniel*[2] | senio ***Ω***: *fort.* seni *scribendum* **19** felicem ***Hβ***: facilem ***V*** **24** deperdant ***V***: perdant ***Hβ*** **25** maxime ***Ω***: maxima *Daniel* **29** oe ***Ω***: ohe ***V***[3]: sed ***R***

de ⌜meis⌝ ⌜consortibus⌝. Adhuc habeo, quod obiciam: vicinus mihi **27**
malus est.

Lar. Ecce rem vere malam. Tamen, Querole, de uno isto quantum 2
etiam hic praestiterim, vide. Vicinum malum pateris unum tantum.
Quid faciunt illi qui plures habent?

Quer. Conserva istum quaeso, Lar Familiaris. Ex voto meo tuere quem 3
praestitisti, ne forte nascantur duo.

Lar. Quid si etiam hinc vincimus? Dic quaeso nunc mihi: quem tu 4
putas feliciorem — tete an istum, de quo quereris?

Quer. Quidnam hic simile est? Aut numquid dubitari potest felicio- 5
rem eum esse, qui alterum queri compellit, quam ille, qui ad
querelam confugit?

Lar. Hem Querole, vis iam nunc facimus, ut infeliciorem esse hunc 6
scias?

Quer. Valde cupio.

Lar. Sed hoc egomet tibi tantum indicabo. Paululum aurem accom- 7
moda.

Quer. Cur non aperte loqueris? Numquidnam etiam tu times?

Lar. Quidni timeam, qui tecum vivo? Aurem accommoda. 8

Quer. Age dicito… Hahahae, habeat teneat possideat †seque† cum suis.
Laute edepol nos accipis, doctor; nonne? Certe iam nihil con- 16 R.
queror.

Lar. Quid istuc, Querole? Paululum tibi ita videtur, rursum ad in- 9
genium redis. Sed quoniam miserum te non doces, superest ut **28**
felicem comprobem. Dic quaeso, Querole, sanus es?

Quer. Ita arbitror.

Lar. Quanti hoc aestimas? 2

Quer. Hoc etiam inputas?

Lar. O Querole, sanus es et felicem te negas? Vide, ne postmodum 3
felicem te fuisse scias.

Quer. Iam superius dixeram: bene mecum agitur, sed iuxta alios male. 4

23–24 Ter. *Ad.* 71: rursum ad ingenium redit.

1 meis consortibus *Studemund* °: consortibus meis ***Ω*** **5** faciunt ***Ω*** $^{+}$: faciant *Rittershusius* **18** cur ***V***: quod ***H*** **20** seque ***Ω***: aeque *Herrmann*: sitque *Emrich*: *fort. scribendum* vivatque, *al. al.* **21** nonne? *sic interpunxit Pithou*: *Lari trib. Rittershusius*

Lar. Certe apud te bene.

Quer. Fateor.

5 Lar. Quid quaeris amplius?

Quer. Quare alii⟨s⟩ melius?

6 Lar. Iam istud ad invidiam pertinet.

Quer. Sed recte invideo, nam sum ⌜inf⌝erior ⌜det⌝erioribus.

7 Lar. Quid si feliciorem tete {e}doceo quam sunt isti, de quibus dicturus es?

Quer. Tum igitur facies posthac Querolus nullum permittat queri.

29 Lar. Ut negotium sit brevius et lucidius, argumenta removeo. Tu for-
2 tunam dicito, cuius tibi condicio placeat. Sortem autem quam ipse volueris iam nunc dabo. Tantum illud memento, ne putes posse te aliquid deplorare atque excipere, unde aliquid legeris.

3 Quer. Placet optio. Da mihi divitias atque honores militares vel mediocriter.

4 Lar. Istud tibi praestare valeo; verum illud vide, si tu valeas implere quod petis.

Quer. Quid?

17 R. 5 Lar. Potes bellum gerere, ferrum excipere, aciem rumpere?

Quer. Istud numquam potui.

6 Lar. Cede igitur praemio atque honoribus his qui possunt omnia.

7 Quer. Saltim aliquid nobis tribue in parte hac civili et miserabili.

8 Lar. Vis ergo omnia et exigere et exsolvere?

30 Quer. Attat hoc excidit, iam neutrum volo. Si quid igitur potes, Lar Familiaris, facito, ut sim privatus et potens.

Lar. Potentiam cuiusmodi requiris?

2 Quer. Ut liceat mihi spoliare non debentes, caedere alienos, vicinos autem et spoliare et caedere.

3 Lar. Hahahae, latrocinium non potentiam requiris. Hoc modo nescio

24 Plaut. *Rud.* 854: neutrum volo.

4 aliis V^3 ***R***: alii ***Ω*** **6** nam ***Ω***: non *Peiper* | inferior deterioribus *Gruter*: deterior inferioribus ***Ω*** **7** doceo *conieci*: edoceo ***Ω*** **14** placet ***H*** V^2: placeat V^1 **21** *inter* possunt *et* omnia *(aut paulo ante) pronomen demonstrativum (*istaec*?) excidisse videtur* **22** hac ***H***: *om.* ***V*** **27** *inde a* Quer *inc.* ***W***, *quare* ***H*** *non iam laudatur* **29** hahahae – nescio *deest* ***W***

edepol quemammodum praestari hoc possit tibi... tamen inveni: 4
habes quod exoptas. Vade atque ad Ligerem vivito.

QUER. Quid tum?

LAR. Illic iure gentium vivunt homines, ibi nullum est praestigium, ibi 5
sententiae capitales de robore proferuntur et scribuntur in ossibus,
illic etiam rustici perorant et privati iudicant: ibi totum licet. Si
dives fueris, 'patus' appella*b*ere: sic nostra loquitur Graecia. O 6
silvae, o solitudines! Quis vos dixit liberas? Multo maiora sunt, quae
tacemus. Tamen interea hoc sufficit.

QUER. Neque dives ego sum neque robore uti cupio. Nolo iura haec 7
silvestria.

LAR. Pete igitur aliquid mitius honestiusque, si iurgare non potes. 8

QUER. Da mihi honorem, qualem optinet togatus ille nec bonus. **31**

LAR. Et tu togatos inter felices numeras?

QUER. Maxime.

LAR. Rem prorsus facilem nunc petisti. Istud, etiam si non possumus 2 18 R.
⟨omnia⟩, possumus. Visne praestari hoc tibi?

QUER. Nihil est quod plus velim.

LAR. Ut maxima quaeque taceam, sume igitur tegmina hieme trunca et 3
aestate duplicia. Sume laneos coturnos, semper refluos carceres, quos 4
pluvia solvat, pulvis compleat, caenum et sudor glutinet. Sume
calceos humili fluxos tegmine, quos terra revocet, fraudet limus
concolor. Aestum vestitis genibus, bruma⟨m⟩ nudis cruribus, in
soccis hiemes, cancros in tubulis age. Patere inordinatos labores, 5
occursus antelucanos, iudicis convivium primum postmeridianum
aut aestuosum aut algidum aut insanum aut serium. Vende vocem, 6
vende linguam, iras atque odium loca. In summa pauper esto et
reporta penatibus pecuniarum aliquid, sed plus criminum. Plura 7
etiam nunc dicerem, nisi quod efferre istos melius est quam laedere.

2 atque ***W***: *om.* ***V*** | (Liger)e(m) ***V****: legerem ***W*** **7** patus ***Ω***, *quamvis persaepe a doctis mutetur et non satis facile intellegatur, tamen veri similius retinendum est* ⁺ appellabere *Klinkhamer*: appellavere ***W***: appellaveris ***V***: appellaberis ***V³*** **8** *cum* liberas *deficit* ***W***, *cuius instar habet* ***H*** **13–15** nec – maxime ***H***: muneras quem maxime ***V*** **17** omnia *add. Lucarini (Coniect.) ante* possumus[1], *huc transposui* ° praestari ***H B***: (prae)stare ***V**** **22** fluxos ***V***: fluxus ***H*** **23** bruma ***Ω***, *corr.* ***V³*** **27** linguam ***V***: lingua ***H***

32 QUER. Neque istud volo. Da mihi divitias, quales consequuntur illi qui
chartas agunt.
2 LAR. Sume igitur vigilias et labores illorum, quibus invides. Aurum in
3 iuventa, patriam in senecta quaere: tiro agelli veteranus fori, ratiocinator erudit*us* possessor rudis, incognitis familiaris vicinis novus,
4 omnem aetatem exosus agito, funus ut lautum pares. Heredes
autem deus ordinabit. Istis nolo invideas, Querole: saepe condita
luporum fiunt rapinae vulpium.
19 R. 33 QUER. Heia, nec chartas volo! Tribue saltim nunc mihi peregrini illius
et transmarini mercatoris sacculum.
2 LAR. Age igitur, conscende maria! Te tuosque pariter undis et ventis
credito.
3 QUER. Istud egomet numquam volui. Da mihi saltim vel capsas Titi.
LAR. Sume igitur et podagram Titi.
QUER. Minime.
LAR. Neque tu capsas continges Titi.
4 QUER. Neque istud volo. Da mihi psaltrias et concubinulas, quales
habet avarus ille fenerator advena.
5 LAR. Habes nunc plane tota mente quod rogas. Suscipe quod exoptas,
toto cum choro sume Paphien Cytheren Breseiden, sed cum
pondere Nestoris.
6 QUER. Hahahae, quamobrem?
7 LAR. Habet hoc ille, cuius tu sortem petisti. *Eh*o Querole, numquam
audisti 'nemo gratis bellus est'? Aut haec cum his habenda sunt aut
haec cum his amittenda sunt.
34 QUER. Adhuc invenio, quod requiram: da mihi saltim — impuden-
tiam.
2 LAR. Urbane edepol, tu nunc omnia quae negaveram concupiscis. Si
3 toto vis uti foro, esto impudens. Sed sapientiae iactura facienda est
nunc tibi.

19 Verg. *Aen.* 4.100: habes tota quod mente petisti. **24–25** Ter. *Heaut.* 325: aut haec cum illis sunt habenda aut illa cum his mittenda sunt (: amittenda sunt *rec. Calliopiana*).

4 patriam ***V***: patria ***H*** **5** eruditus $\boldsymbol{\Phi}^{g}$: erudite ***Ω*** | vicinis ***V***: vicinus ***H*** | novus $\boldsymbol{H}^{p.c.}$ ***V***: novis $\boldsymbol{H}^{a.c.}$ **6** (her)edes ***H*** $\boldsymbol{V}^{*}$: heroes $\boldsymbol{V}^{3}$ ***L*** **7** ordinabit ***V***: ordinavit ***H*** **20** Breseiden ***Ω***; *cf. ThLL II 2194, 55ss.*: Briseiden ***B*** **23** heo ***Ω***, *corr.* $\boldsymbol{V}^{3}$ **28** negaveram ***H***: negaverim ***V***

QUER. Quamobrem?
LAR. Quia sapiens nemo est inpudens.
QUER. Vae tibi, Lar Familiaris, cum tua disputatione! 4 20 R.
LAR. Vae tibi, Querole, cum tua querimonia!
QUER. Numquamne mutabis, calamitas? **35**
LAR. ⟨Non⟩ quamdiu tu vixeris.
QUER. Felices ergo non sunt? 2
LAR. Sunt aliqui, sed non illi quos tu putas.
QUER. Quomodo? Si ostendero iam nunc tibi aliquem et sanum et 3
divitem, felicem hunc negabis?
LAR. Divitem potes nosse. Sanum esse quid putas? 4
QUER. Corpore bene valere.
LAR. Quid si aegrotat animo? 5
QUER. Istud egomet nescio.
LAR. O Querole, inbecilla tantum vobis corpora videntur. Quantum 6
animus est infirmior! Spes timor cupiditas avaritia desperatio inest:
esse felicem sinunt? Quid si nescio quis ille alius in corde, alius est 7
in vultu? Quid si laetus publice, maeret domi? Ut maiora reticeam, quid si uxorem non amat, quid si uxorem nimis amat?
QUER. Si nemo felix, nemo igitur iustus? 8
LAR. Etiam hinc respondeo: sunt aliqui, fateor, iusti prope, sed prima 9
est horum calamitas. Estne ⟨adhuc⟩ aliquid quod requiras? 10
QUER. Immo edepol nihil. Meam mihi concede sortem, quando nihil melius repperi.
LAR. Igitur quamquam felicem esse te constiterit, tamen etiam nunc **36**
beatiorem te futurum ut agnoscas volo: aurum hodie multum consequere.
QUER. Ludis nos: fieri hoc non potest. 2
LAR. Quam ob causam?
QUER. Quia non est via.

3 vae tibi ***H***$^{p.c.}$: ut tibi ***H***$^{a.c.}$: a(t abi) ***V****: ast abi *β* **4** vae tibi ***H***: at abi ***V*** **5** (mutabi)s ***H V**** *(non iam legitur* ***R***$^{a.ras.}$*)* **6** non *add.* ***V***^{3} **16–17** spes – sinunt *interrogationem esse voluit Daniel* | inest esse felicem ***H***: inesse felicem ***V****, *ras. c. decem litt.* ***V*** **16** *post* inest *distinxi* **18** si laetus ***V***: silet ***H***, *quamobrem delibero an* si laet⟨atur⟩ *scribatur* **22** adhuc *addidi; cf. 62.7*

3 Lar. Sane difficile est nobis facere atque invenire, quod tu non
21 R. intellegas.

4 Quer. Dic quaeso: numquid rex aliquid largietur?

Lar. Nihil.

Quer. Numquid amicus donabit aliquid?

Lar. Nihil.

5 Quer. Numquidnam ex transverso quispiam me heredem instituet?

Lar. Nihil minus.

6 Quer. Numquid thesaurus alicubi defossus apparebit ante oculos meos?

Lar. Atqui si thesaurus domi tuae lateret, prius alteri esset ostendendus quam tibi.

7 Quer. Et quemammodum sum habiturus egomet, quod mihi nullus dabit?

37 Lar. Vade iam nunc et quicquid contra te est facito.

Quer. Cur ita?

2 Lar. Sic expedit. Fallenti credito et circumvenienti operam atque adsensum accommoda. Fures si ad te venerint, excipe libenter, praedones etiam similiter.

3 Quer. Tum si aliquis meis aedibus facem subiciet, iuberesne me oleum infundere?

Lar. Noveram te crediturum non esse.

4 Quer. Fures mihi ac praedones cui bono?

Lar. Ut si quid tibi spei aut praesidii est, totum auferant.

5 Quer. Cur ita?

Lar. Ut sis dives.

Quer. Quomodo?

Lar. Bona si perdideris tua.

Quer. Quamobrem?

Lar. Ut sis felix.

Quer. Quomodo?

Lar. Si fueris miser.

2 intellegas ***H*** (*forsitan olim* intelleges *scriptum erat, quod calamo currente emendatum esse constaret*): intellegis ***V*** **7** numquidnam ***H***: numquid ***V*** instituet ***H***$^{a.c.}$ ***V***: instituit ***H***$^{p.c.}$ **17** fallenti ***V***: fellenti ***H*** **18–19** praedones etiam similiter ***H***: *om.* ***V*** **20** tum ***V***: tu ***H***: cum ***B*** | aliquis ***V***: aliqui ***H***, *fort. recte; cf. 61.2*

Quer. Istud plane est quod saepe audivi 'obscuris vera involvere'. Sed 6
quid facere me iubes?

Lar. Quod contra te putas. 22 R.

Quer. Dic ergo, quid sit, ne fortassis aliquid pro me faciam nescius. 7

Lar. Quicquid egeris gesserisve hodie, pro te fiet.

Quer. Quid si egomet nolo? 8

Lar. Velis nolis: hodie Bona Fortuna aedes intrabit tuas.

Quer. Quid si aedes obsero? 9

Lar. Per fenestram defluet.

Quer. Quid si et fenestras clausero?

Lar. O stulte homo, prius est, ut tecta pateant ipsaque sese tellus ape- 10
riat, quam ut tu excludas vel submoveas, quod mutari non potest.

Quer. Igitur quantum intellego, non mihi praestatur, quod velim **38**
nolim faciundum est.

Lar. Neque ego id expectabam, ut gratias ageres, sed ut Querolum te 2
constaret in omnibus.

Quer. Tu nunc quo tendis? 3

Lar. In aedes tuas (immo nostras) me recipio; inde ibo quolibet. Ita 4
tamen usquequaque pervagabor, ut te numquam deseram.

Quer. Incertus ego sum factus magis hodie quam semper fui. Quid **39**.2
ergo nunc faciam cum responso huiusmodi? Cuiusquamne oracu-
lum tale umquam datum est, ut ipse sibimet mala quaereret aut
non excluderet, si fieri posset, ingruentem miseriam? 'Perde', in- 3
quit, 'si quid est tibi domi, ut adquiras plurima.' Mea si mihi
auferantur, aliena quando et quis dabit? 'Vade', inquit, 'fures re- 4
quire, praedones recipe in domum.' Primum hoc si cognosci atque
etiam si probari potuerit, nonne iudex iure optimo pessum dabit
tamquam latronum conscium? Sed ubinam fures ipsos modo **40**
requiram, ubi investigem, nescio. Ubinam illa est cohors fuliginosa 2 23 R.
vulcanosa atra, quae de die sub terras habitant, nocte in tectis
ambulant? Ubi illi sunt, qui urbane fibulas subducunt quique

1 Verg. *Aen.* 6.100: obscuris vera involvens. **20** Ter. *Phorm.* 459: incertior sum multo quam dudum. **28–29** Ter. *Eun.* 294–295: ubi quaeram, ubi investigem … / incertus sum.

4 fortassis ***H***: fortasse ***V*** **9** defluet ***V***: defluit ***H*** **11** tecta ***H***: hae ***V*** **15** Querolum ***Ω***: *fortasse potius* querulum **21** cuiusquamne ***V***: cuiquamne ***H B***[p.c.] **23** posset ***V***: possit ***H*** **25** et ***H***: aut ***V***

3 curtant balteos? Nisi fallor, unum ex ipsis video — atque ecce, rem
gerit. Hem tibi clamo, inpostor: oe cessa! Euge servata est fibula.
4 Attat spes mihi nulla est: mandato excidi. Interdictum fuerat, ne
obviarem furibus, verum ne excluderem. Hercle hoc stultum est,
41 nihil prorsus hinc placet! Atque edepol, nisi fallor, iste qui apud me
2 est loquutus urbanus est homo. Numquodnam meritum nunc
meum, ut mihi potissimum res divina ostenderetur? Hic nescio
3 quid est praestigii. Vereor hercle, ne furtum quod denuntiabat iam
perfecerit. Ego me hac intus refero atque hominem, si repperero,
continuo producam foras.

III MANDROGERUS SYCOFANTA SARDINAPALLUS

42 MAND. Multum sese aliqui laudant, qui vel pugnaces feras vel fugaces
bestias aut vestigiis insequuntur aut cubilibus deprehendunt aut
2 casu opprimunt. Quanto mihi maius est ingenium et lucrum, qui
homines venor publice. Sed quos homines! Divites et potentes et
3 litteratos maxime. Mandrogerus ego sum parasitorum omnium
24 R. 4 longe praestantissimus. Aula quaedam hic iacet, cuius odorem mihi
trans maria ventus detulit. Cedant iuris conditores, cedant omnia
cocorum ingenia, cedant Apici fercula: huius ollae condimentum
5 solus scivit Euclio. Quid miramini? Aurum est, quod sequor; hoc
6 est, quod ultra maria et terras olet. Quid ad haec vos dicitis, novelli
atque incipientes nunc mei? Quando haec discere potestis, quando
sic intellegetis, quando sic docebitis?

43 SYCOF. Atqui si scias, Mandrogerus noster, quale egomet somnium
nocte hac vidi.

MAND. Dic obsecro, si quid est boni.

2 SYCOF. Nocte hac videbam thesaurum quem sperabamus nobis venisse
in manus.

MAND. Quid tum?

SYCOF. Videbam ex parte solidos.

2 oe ***Ω***: ohe ***V***[3] **4** verum ***V***: virum ***H*** | ne ***V***: *om.* ***H*** **6** numquodnam ***V***: num quoniam ***H***: numquidnam ***β*** **7** potissimum ***V***: potissum ***H*** **11** Sardinapallus *scripsi*: Sardinapallas ***H***: Sardanapallus ***V***[R] **19** condimentum ***H***: conditum ***V*** **20** scivit ***V***: sciunt ***H***

Mand. Ha istud non placet.
Sycof. Erant praeterea uncinuli amati, torques et catenulae. 3
Mand. Dic quaeso, aliqua insuper non somniasti vincla et verbera?
Sard. Infaustum hercle hominem! Solum hic non vidit carcerem. Ohe 4
homo prodigiose, ego te iam nunc explodo cum verbis tuis. Nocte 5
ista ego in somnis funus videbam.
Mand. Dii te servent: hic bene.
Sard. Et nos ipsi funus illud nescio quo ferebamus. 6
Mand. Optime.
Sard. Insuper etiam deflebamus defunctum illum, quasi alienum
tamen.
Mand. Audin tu istaec, stulte homo? Talia egomet {e}t{i}am manifesta 7
malo quam tua somnia: ‘funus’ ad laetitiam spectat, ‘lacrimae’ ad 25 R.
risum pertinent, et ‘mortuum nos ferebamus’ manifestum est gau-
dium. Ego autem meum vobis narrabo somnium prorsus mani- **44**
festissimum. Dicebat nescio quis somnianti nocte hac mihi the- 2
saurum istum quem requirimus mihi servari manifesta fide nec
cuiquam alteri concessum esse aurum illum invenire nisi mihi. Sed
insuper adiecit ex istis opibus hoc tantummodo mihi profuturum,
quod consumsisset gula.
Sycof. Optime edepol somniasti. Quid autem aliud quaerimus nisi 3
tantum quod sufficiat ventri et gulae?
Sard. Pulchre edepol somniasti. Felicem te, Mandrogerus, nos⟨que⟩ 4
qui tecum sumus.
Mand. Sed heus tu, Sycofanta noster, nisi me fallit traditio, iam **45**
pervenimus.
Sycof. Ipsa est platea, quam requiri⟨mu⟩s.
Sard. Recurre ad *in*diculum cito. 2
Mand. Sacellum in parte, argentaria ex diverso.
Sycof. Utrumque sic est.
Mand. Ventum est.
Sard. Quid praeterea? 3
Mand. Domus excelsa—

3 vincla ***H***: vincula ***V*** **8** quo ***V***: quod ***H*** **12** etiam ***Ω***, *corr. Thomas*: iam *Ranstrand* **15** meum vobis ***V***: vobis meum ***H*** **16–17** thesaurum – mihi ***H***: *om.* ***V*** **23** nosque R^2: nos ***Ω*** **27** Sycof ***C***: Sard ***Ω*** | requirimus *conieci*: requiris ***Ω*** **28** Sard ***C***: Sycof ***Ω*** | indiculum *Paris*: aediculum ***Ω***

SYCOF. Apparet.

MAND. —ilignis foribus.

SARD. Ipsa est.

4 MAND. Attat quam humiles hic fenestras video! Euge hic frustra clau-
duntur fores. Tum praeterea inermes quantum inter sese distant
5 regulae! Secura hercle regio hic mihi et fures nil nocent... Sed
6 interius mihi aurum olet. Alia temtandum est via. Heia nunc, Syco-
26 R. fanta noster, tuque, Sardinapalle, si quid vobis ingenii comitatis et
7 virtutis, nunc totum ostendite. Ego tamquam cynicus magister in-
venta et inclusa trado gaudia. Retia vosmet obsidete, dum percurro
8 cubilia. Iam omnia tenetis animo, quae iam dudum diximus quaeque exinde meditamur nocte ac die?

46 SYCOF. De atrio porticus in dextra, sacrarium ad sinistra⟨m⟩.

MAND. Recte rationem tenes.

2 SARD. In sacrario tria sigilla.

MAND. Convenit.

SYCOF. Arula in medio.

MAND. Sic sunt omnia.

SARD. Aurum ante aram.

3 MAND. Hoc iam nostrum est! Quid? Ipsius Queroli indicia iam tenetis?

4 SYCOF. Melius hercle quam tua. Tu vide, an divinare possis; nos mentiri novimus.

5 MAND. Ego istuc in parte hac deambulatum ibo. Illinc observabo omnia atque ubi res vel ratio postolarit, continuo hic adero.

6 SYCOF. Nos quoque paululum istac secedamus, ne suspicionem improbitas paret.

---

7 Plaut. *Aul.* 216: aurum huic olet. | Sen. *Oed.* 392: alia temptanda est via. **14** Plaut. *Mil.* 47: recte rationem tenes. **24** Ter. *Heaut.* 502: continuo hic adero.

2 i(lig)nis ***V****: e lignis ***H***: iliginis ***L***: ulignis ***B*** **7** Sycofanta ***V***: Syconfanta ***H*** **13–14** dextra – MAND ***H***: *om.* ***V*** **13** sinistram *Reeve (Tric.)*: sinistra ***H*** **25** improbitas ***V***: inprobatis ***H***

QUEROLUS SYCOFANTA SARDINAPALLUS IV

QUER. Noster ille qui mecum est loquutus nusquam apparuit neque aliquid subripuit intus. Iste plane homo non fuit. **47**

SARD. Hem ipse est. Vellem hercle audire hunc hominem quem vidi 2
modo. Ego magos mathematicosque novi, talem prorsus nescio. 27 R.
Hoc est divinare {hominem}, non qualiter facere quidam ⟨ir⟩risores solent.

QUER. Hem quemnam divinum isti esse dicunt? 3

SARD. Sed hoc novum est, quod vidi modo. Ubi te aspexerit, primum 4
tuo te vocat nomine, dein parentes, servos atque omnem familiam exponet. Quasi noverit, quid tota gesseris aetate quidve postea sis acturus, totum edisserit.

QUER. Bellus hercle hic nescio qui est. Non praetereunda est fabula. 5

SARD. Quaeso, sodes, adgrediamur hominem illum ratione qualibet. 6
{SARD.} O me stultum atque ineptum, qui non consului statim!

SYCOF. Et ego hercle vellem, verum ut nosti non vacat.

QUER. Cur non omnia agnosco? Salvete, amici. **48**

SYCOF. Salvus esto, qui salvos esse nos iubes.

QUER. Quid vos? Secretumne aliquod? 2

SARD. Secretum a populo, non secretum a sapientibus.

QUER. De mago nescio quid vos audivi. 3

SARD. Ita est. De nescio quo nunc sermo erat, qui omnia divinat. Verum quisnam ille homo sit, nescio.

QUER. Estne talis aliquis?

SARD. Maxime. Ergo, Sycofanta, ut dixeram, per te tuosque, mi sodes, 4
te rogo ut illac venias mecum una simul.

SYCOF. Iam dudum dixi: ultro et libenter irem, si vacuum nunc esset 5
mihi.

SARD. Mane paulisper. 28 R.

26 Plaut. *Most.* 1037: i mecum, opsecro, una simul.

1 Sardinapallus ***Ω***: Sardanapallus $\boldsymbol{V}^{R}$ **6** hominem ***Ω***, *del. Klinkhamer* | irrisores *Cannegieter*: risores ***Ω*** **11** exponet $\boldsymbol{\Omega}^{+}$: exponit *Daniel*[2] **14** SARD $\boldsymbol{C}^{4c}$ *Klinkhamer*: SYCOF ***Ω*** **15** SARD ***Ω***, *del. Klinkhamer* **16** verum ***L R β***: virum ***Ω*** **21** quid vos ***V***: qui duos ***H*** **25** tuosque ***V***: vosque ***H***

6 Quer. Quaeso, amice, ne te subripias tam cito. Egomet quoque scire cupio, quisnam iste est, de quo sermo nunc erat.

7 Sycof. Edepol nescio quid aliud mihi est negotii. Cognati atque amici iam dudum me expectant domi.

8 Sard. Magna hercle hominis difficultas et persuasio. Neque nunc te amici expectant neque cognati: paulisper mane.

49 Quer. Quaeso, amice, si mea non est odiosa societas, consulere vobiscum volo.

Sard. Vereor hercle ne difficilem se nobis faciat, si plures videt.

2 Sycof. Optime edepol. Ecce sodes, comitem quaerebas, habes: mihi molestus ne sies.

3 Quer. Quaeso, amice, si huic ita videtur, {h}abeat: nos illac una simul.

4 Sard. Atque isto nobis est opus, quoniam hominem illum vidit et novit bene.

5 Quer. Iustum est, ut nobis hodie operam impendas, quoniam sic ratio expostolat.

6 Sycof. Immo hercle iste illum novit melius atque ille hunc familiariter.

7 Quer. Sed quaeso nunc vestram fidem: quisnam hic homo est vel cuius loci?

50 Sycof. Quantum comperi, Mandrogerus vocatur, hoc scio.

Quer. Attat pulchrum hercle nomen! Iam hoc de magis existimo.

2 Sycof. Primum praeterita edicit. Si omnia *a*gnoscis, tum de futuris disserit.

3 Quer. Magnum hercle hominem tu narras. Et consulere hunc non placet?

Sycof. Volo equidem, sed ⟨et⟩ paulisper non vacat.

29 R. 4 Quer. Age da operam amicis: nobis quoque similiter impera, si quid voles.

5 Sycof. Habeo gratiam. Quoniam istud vultis, fiat. Sed audite quid loquor: huius modi homines inpostores esse.

6 Quer. Hem sodes, ipsud volebam dicere! Certe ferulas non habet neque cum turbis ambulat?

10–11 Plaut. *Rud.* 1031, *Truc.* 897: mihi molestus ne sies.

7 amice **Ω**: *an* amici? *Cf. 65.7* **12** habeat **Ω**, *corr. Pithou* **13** atque **Ω**, *more Plautino imitato*: atqui *Pithou* **21** de magis ***V***: demagis ***H*** **22** agnoscis *Orelli*: cognoscis **Ω** **24** consulere ***H***: consuli ***V*** **26** et *addidi*

SYCOF. Hahahae, tales hercle consulere hic deberet homo curiosissimus. 7
SARD. Verbis quantum vult ille fallat, plus de nobis non licet.

SYCOF. Si vobis ita videtur, placeat ut ego hominem scisciter atque ut 8
omnia perquiram non uno modo. Si mihi ille de omnibus respondere potuerit, sciatis vere esse hunc divinum vel magum.

SARD. Dixisti optime. Sed eccum: ipse hac praeterit. Ita ut volui 9
contigit: quanta in ingressu gravitas, quanta in vultu dignitas.

QUER. Adgrediamur hominem atque a publico sevocemus, ut secreto 10
disserat.

QUEROLUS MANDROGERUS SYCOFANTA SARDINAPALLUS V

SYCOF. Salve, Mandrogerus. **51**

MAND. Salvos esse vos volo.

QUER. Tu quoque incolomis esto, sacerdotum maxime, quoniam 2
laudaris ac diligeris plurimum merito tuo.

SYCOF. Scin tu, Mandrogerus, quid ex te volumus noscere? 3

MAND. Quaenam? Fortasse novi. 30 R.

SYCOF. Consulere de quibusdam volumus et cognoscere tuam insig- 4
nem sapientiam.

MAND. Non equidem constitueram. Sed quoniam ita vultis, consulite 5
ut respondeam.

SYCOF. Quaesumus ut libenter nobis operam tuam impendas. Prolixa 6
nunc disceptatione est opus.

MAND. Dicite quid velitis. **52**

SYCOF. Primum ut exponas quaesumus, quae sunt optima sacrorum 2
genera vel cultu facilia.

MAND. Duo sunt genera potestatum: unum est quod iubet, aliud quod 3
obsecundat. Sic reguntur omnia. Praeclarior maiorum potestas, sed
minorum saepe utilior gratia. Verum de maioribus neque mihi dicere 4
neque vobis audire est utile. Itaque si et invidiam et sumtum evitatis, sperate ab inferioribus.

9 disserat ***H***: disseras ***V*** **11** Sardinapallus ***Ω***: Sardanapallus V^{Rc} **12** SYCOF ***H***: QUER V^{R} **13** esse vos ***H P***: esse ***V***: vos esse ***B*** **16** volumus ***Hβ***: voluimus ***V*** **23** est opus ***V°***: opus est ***H***

53 Sycof. Quaenam ista sunt obsequia, quibus obsequi nunc oportet?
2 Mand. Dicam celeriter. Tria sunt in primis: planetae potentes, anseres
3 inportuni et cynocefali truces. Has tu effigies omnibus in fanis et sacellis si intueare, facile intelleges. Haec tria tu si evadere vel placare potueris, nihil est obstare quod possit tibi.
4 Sycof. Illosne quaeso tu mihi planetas loqueris, numeris qui totum rotant?
5 Mand. Ipsos: nec visu faciles nec dictu affabiles. Atomos in ore volvunt, stellas numerant, maria aestimant. Sola mutare fata non possunt sua.
6 Sycof. Egomet audieram, quod ipsi omnia gubernarent.
31 R. **54** Mand. Hahahae, hic si aliquid gubernari censes, nescio ubi naufragium dixeris. Ubi rerum omnium penuriam esse norunt, illic homines
2 congregant. Summa est medella, vicissim alia ut evertant loca. Messes hac atque illac transferunt diris tempestatibus, omnesque fructus paucorum inprobitas capit.
3 Sard. Novum tibi est transferri messes?
4 Mand. Istis licet rerum omnium species atque formas ut libuerit vertere: sed quot gradibus et transfusionibus! Aliud ex alio iubent: triticum *ex* vino subito fieri videas, vinum ex tritico. Iam flava seges
5 hordei facile efficitur ex quovis titulo et nomine. Mortales vero animas sive inferis sive superis addere nullus labor.
6 Sard. Vides ergo tam potentes placari oportere?
7 Mand. Hahahae, paucis hoc licet. Sacraria istaec nimis superba sunt et sumtuosa maxime. Si obaudire vultis, exiguo votum soli sacello solvite.
55 Sycof. Et oracla istaec ubinam specialiter sunt expetenda?
Mand. Ubilibet: hac atque illac, sursum deorsum, in terra in mari.
2 Sycof. Et quisnam infelix deprehendere aut adire possit haec tam vaga sidera?

8 Verg. *Aen.* 3.621: nec visu facilis nec dictu affabilis.

1 *post* obsequia *habet* ... ***H*** **4** si[1] ***V***: *om.* ***H*** | facile – evadere ***H***: *om.* ***V*** **9** fata ***H***: *om.* ***V*** **12** gubernari ***H B***: gubernare ***V*** **14** congregant ***H β***: non reg/// congregant ***V***, congregant *del.* ***V***^{2}: non regant ***L R*** **19** quot ***V***: quod ***H*** **20** ex[1] ***V***^{2}: et ***Ω*** | vino ***V***: vinum ***H*** **23** Sard – oportere *his verbis non liquet, utrum interrogetur aliquid necne* **24** sacraria ***V***: fac raria ***H*** **25** soli sacello ***V***: vos sacellos ***H*** **28** *possis* ubi libet

Mand. Adire ⟨non⟩ facile est, abire impossibile.
Sycof. Quamobrem?
Mand. Mysteria sunt in aditu diversa et occulta quae nos soli novimus: 3
{arpygiae cynocefali} furiae, ululae, nocturnae striges. Absentes
hydris congregant, praesentes virgis submovent. Ita neque abesse 4 32 R.
licitum est nec adire tutum. Turbas abigunt et turbas amant. Quid 5
plura qu⟨a⟩er*is*? Si te numina diligunt, ne tu quicquam hinc noveris!
Sycof. Atqui, sacerdos noster, mysterium hoc iam displicet. De **56**
secundo illo genere anserino edissere atque expone, si quid est boni.
Mand. Isti sunt, qui pro hominibus perorant ante aras atque altaria, 2
quibus cygnea sunt capita et colla. Reliquias edere mensarum solent. Isti sunt hariolorum longe fallacissimi. Tantum est quod vota 3
hominum interpretantur et male, precemque dicunt, sed responsa
numquam eliciunt congrua.
Sard. Hosne tu olores esse narras? Ego in saccellis proxime anseres in- 4
spexi multos, neminem vidi cygnum. Magnis gutturibus capita ad-
tollunt, alas pro manibus gerunt. Primum inter sese lingua trisulco 5
vibrant sibilo. Inde ubi sonuerit unus, cuncti alas quatiunt diris
cum clangoribus.
Mand. Non parvo explentur isti. Panem neque noverunt neque volunt, 6
hordea insectantur fracta et madida, spicas nonnulli vorant: quidam etiam polenta utuntur et carne iam subrancida.
Sycof. En sumtum inanem!
Mand. De istis quondam magnus dixit Tullius: 'anseribus cibaria 7
publice locantur et canes aluntur in Capitulio.'

18–19 Verg. *Aen.* 3.226: harpyiae et magnis quatiunt clangoribus alas (3.228 vox ... dira); cf. Serv. *ad loc.*: deest 'cum' ut sit 'alas quatiebant cum clangoribus'. **22** Cic. *Pis.* 67: multa carne subrancida. **24–25** Cic. *S. Rosc.* 56: anseribus cibaria publice locantur et canes aluntur in Capitolio, ut significent si fures venerint.

1 non facile *Peiper*: facile ***Ω***: difficile *Klinkhamer* **4** arpygiae cynocefali ***Ω***, *delevi duce Ranstrand* + **7** *quomodo interpungendum sit incertum* | quaeris *Peiper*: querole ***Ω***: *del. Klinkhamer* **11** edere ***V***: sedere ***H*** **14** eliciunt ***H***: eligunt ***V*** **15** *post* anseres *ras. 2 litt.* ***H*** (et?) **17** lingua ***Ω***; *cf. Dracont. Orest. 226*: linguam ***L R***: linguas V^3 | trisulco ***Ω***: trisulca *fortasse scribendum* (trisulcam *iam Berengo*); *sed cf. Prud. ham. 202* **19** cum clangoribus *var. l.* V^2 *s. l.*: conclangoribus ***Ω*** **25** aluntur $H^{a.c.}$ ***V***: alungtur (*an* alunqtur?) $H^{p.c.}$ *ut vid.*

8 Sycof. O genus hominum multiforme et multiplex! His egomet fuisse
arbitror matrem Circen, Proteum patrem.
33 R. 9 Sard. Edepol neque isti placent. Cynocefalos nunc expone, si meliores
putas.
57 Mand. Isti sunt, qui in fanis ac sacellis observant vela et limina, quibus
{a pectore} capita sunt canina, †alvi des†, pandae manus: aeditui
2 custodesque. Istos Ecuba quondam, postquam vere facta est canis,
Anubi nupta nostro latranti deo, omnibus templis ac delubris semper denos edidit: sic a pectore biformes, infra homines, sursum
3 feras. Itaque ubi ignotus precator templa petierit, hinc atque hinc
multisono cuncti latratu fremunt: 'ut adeas, tantum dabis; ut
4 perorare liceat, multo plus dabis.' Mysterium de religione faciunt et
5 commercium. Quae communia sunt et gratuita, vendunt foris. Istis
omnibus litandum: si parvo nequeas, *a*t quanti queas. Respicite ad
homines potestatesque vestras et nobis veniam date. Mihi credite:
deus facilius aditur quam †prole† cognitor.
6 Sycof. Actum est. Neque istos volo nihilque inter omnia quae narrasti
inprobius puto.
7 Sard. Felices vos, qui non cynocefalos pertulistis. Ego autem ipsum vidi
Cerberum, ubi nisi ramus aureus adfuisset, Aeneas non evaserat.
58 Sycof. Quid de simiis?
Mand. Istae sunt, quae futura scribunt, gesta quae vos dicitis, homi-
34 R. numque fata levibus volvunt paginis. Non quidem periculosa haec
2 animalia, sed molesta atque inproba. Quas illic sannas, quos corym-
bos videas, si nummos non asparseris! Nam si insuper nuces et
sorba dederis, omnem pop*e*llum ceperis.

11 Cic. *Verr. II* 5.118: ut adeas, tantum dabis; ut cibum tibi intro ferre liceat, tantum. **14** Ter. *Eun.* 75: si nequeas paullulo (: paulo *var. l.*), at quanti queas.

6 a pectore ***Ω***, *seclusi; vide infra 57.2* a pectore biformes | alvi des ***Ω***: alvi densi ***β***, *al. sim.*: alvi pandae (curvae manus) ***V***[3] *in ras.*: avidae et *anonymus quidam laudatus apud Daniel*: albi *pro* alvi *coni. Rittershusius* **8** Anubi ***V***: an ubi ***H*** **14** at ***L***: ut ***Ω*** **15** potestatesque ***V***: potestates quae ***H*** **16** aditur ***V***: additur ***H*** | prole ***Ω***, *videlicet corruptum*: pro te *Klinkhamer*: pro se *conicio* | cognitor ***H***: (cognit)ur ***V**** **19** Sard ***Ω***: *Mandrogeronti trib. aut Klinkhamer aut Koen; sed cf. 43.5–6* | non ***V***: *om.* ***H*** **22** hominumque ***V***: hominum quae ***H*** **25** non ***Ω***: *perperam del. Klinkhamer* **26** popellum *Klinkhamer*: popillum ***H***[a.c.] *ut videtur*: pupillum ***H***[p.c.] ***V***

Sycof. Arpy{g}ias quaeso praeteristi, quae semper rapiunt et volant. **59**
Mand. Istae sunt, quae vota hominum observant atque honores nu- 2
minum. Non solum sollemnia, verum etiam extraordinaria requirunt et parentum debita. Si aliquid ad diem praesentatum non est,
cum tormentis exigunt. Hac atque illac totum per orbem iuxta ter- 3
ras pervolant, digitos ad praedam exacuunt curvis timendos ungui-
bus, semperque mensis advolant, quod contingunt auferunt, quod
relinquunt polluunt. Istaec prodigia alere quam nosse malo, sed
neutrum placet.
Sard. Noctivagos etiam praeteristi: celeres capripedes hirquicomantes. **60**
Mand. Innumerabilia sunt haec prodigia, sed ignava et vilia. Solum hoc 2
est, quod sequuntur atque observant unice Panem deum.
Sycof. Omnia sacra tute ipse inprobasti. Quaenam igitur praedicas? **61**
Mand. Quoniam simpliciter interrogastis, scitote inter istaec omnia 2
nihil esse melius, quam ut aliqui fato nascatur bono.
Quer. Et nos ita suspicamur. Sed fatum ipsum qualiter tandem coli vel 3
propitiari potest?
Mand. Dicam: genii sunt colendi, quoniam ipsi decreta fatorum re- 4
gunt. Isti sunt placandi atque exorandi, simulque si qua intra aedes 35 R.
latet Mala Fortuna, vincienda atque exportanda est.
Quer. Pulchre edepol doces. Sed ut facilius nunc sequamur omnia, da **62**
nobis experimentum tuae potestatis et sapientiae: quoniam ea quae
noveras narrasti, nunc si potes ea quae nescis dicito.
Mand. Non quidem ex integro fieri istud potest. Tamen accipite pauca, 2
de quibus intellegatis cetera. Certe egomet neque mores neque
facultates vestras didici.
Sard. Certum est.
Mand. Tu, Sardinapalle, pauper es. 3
Sard. Agnosco. Verum tamen vereor, ne plures hoc sciant.
Mand. Humili loco natus. 4
Sard. Ita est.
Mand. Ideo tibi contra regium nomen datum est. 5
Sard. Ita aiunt.
Mand. Homo es vorax, petulans et calamitosissimus. 6

1 arpyias *Daniel*: arpygias ***H***: arpigias ***V*** | praeteristi ***V***: peteristi ***H*** | volant ***Ω***: vorant *Klinkhamer* **10** praeteristi ***V***: peteristi ***H*** **14** scitote ***V***: scito te ***H*** **16** nos ***H***: *om.* ***V*** **24** quidem ***H***: equidem ***V*** **34** es ***V***: et ***H***

7 Sard. *Eho* Mandrogerus, numquidnam hoc sum precatus, ut vitia enarres mea?

Mand. Mentiri mihi non licet. Estne adhuc aliquid quod narrare me velis?

8 Sard. Utinam ne istaec quidem eloquutus esses! Si quidem ulterius, haec amicis dicito.

63 Sycof. Ego te, Mandrogerus, hoc exoro, futura nunc mihi ut enarres, et ea tantummodo, quae sunt bona.

2 Mand. Ego non possum nisi a capite exponere. Tu, Sycofanta, nobili et claro natus es loco.

Sycof. Ita est.

3 Mand. Ab initio nequam.

Sycof. Etiam hoc, confiteor, manet.

4 Mand. Damna te premunt.

Sycof. Verum est.

36 R. 5 Mand. Periculum tibi saepe incumbit igni ferro flumine.

Sycof. Pulchre edepol omnia narravit quasi qui mecum vixerit.

6 Mand. Datum tibi est de proprio nihil habere—

Sycof. Intellego.

Mand. —sed de alieno plurimum.

64 Sycof. Iam istud nobis sufficit. Nunc illud te quaesumus, ut etiam huic responsa tribuas homini minime malo.

2 Mand. Ita fiat. Heus tu, amice, tu non Querolus diceris?

Quer. Dii te servent, ita est.

3 Mand. Quid horae nuncupamus?

Sycof. Inter sextam et tertiam.

4.5 Mand. Nihil fefellit: de clepsidra respondisse hominem putes. Hem quid igitur...? Mars trigonus, Saturnus Venerem respicit. Iupiter quadratus, Mercurius huic iratus. Sol rotundus, Luna in saltu est.

22 Cic. *Div. in Caec.* 45: homini minime malo. **29** Plaut. *Amph.* 392: Mercurius Sosiae iratus siet.

1 heo ***Ω***, *corr.* ***V***[3] **3** aliquid ***H β***: *om.* ***V*** **5** eloquutus ***H***: de me locutus ***V*** **6** haec ***V***: hac ***H*** **7** nunc ***V***: nuncne ***H*** **8** et ***Ω***: set *Herrmann* **16** tibi saepe ***H***: saepe tibi ***V*** **23** diceris ***V***: deceris ***H*** **26–28** *quibus haec verba tribuenda sint, ambigitur* + **26** tertiam ***Ω***: septimam *Klinkhamer; cf. Sen. apocol. 2.2* **27** putes ***V***: potes ***H*** **28** trigonus ***V***, *quod testatur etiam Liutprandus Cremonensis, ant. 11.1; cf. Tert. adv. Marc. 1.18*: trigonius ***H***

Collegi omnem iam genesim tuam, Querole: Mala Fortuna te premit. 6

QUER. Agnosco.

MAND. Pater nihil reliquit, amici nihil largiuntur. 7

QUER. Verum est.

MAND. Vis totum audire? Vicinum malum pateris, servum pessimum. 8

QUER. Agnosco omnia.

MAND. Vis et nomina servulorum tibimet {et}iam nunc eloquar? 9

QUER. Audire cupio.

MAND. Servus tibi est Pantomalus. 10

QUER. Verum est.

MAND. Est alter Zeta.

QUER. Manifestum est. 37 R.

SYCOF. O sacerdotem divinum! 11

MAND. Visne adhuc amplius? Scisne a me domum tuam ignorari? 12

QUER. Maxime.

MAND. Porticus tibi est in dextra ut ingrediaris, sacrarium e diverso. 13

QUER. Ita sunt omnia.

MAND. In sacrario tria sigilla. 14

QUER. Verum est.

MAND. Tutelae unum, geniorum duo.

QUER. Iam iam comprobasti potestatem ac disciplinam, nunc remedium promitt⟨it⟩o. **65**

MAND. Ubi celeriter consuli potest et sine sumtu ac mora? Sacrarium certe solum ac secretum est? 2

QUER. Ita.

MAND. Certe nihil est illic conditum? 3

QUER. Nihil praeter sigilla.

MAND. Sollemnitas quaedam ibidem celebranda est, sed religio est tecum omnes excludi foras. 4

QUER. Ut libet.

MAND. Religio per extraneos celebranda est. 5

QUER. Ita fiat.

2 premit ***V***: premet ***H*** **8** etiam ***Ω***, *corr. Thomas* **23** promittito C^{4c}: promito ***Hβ***: promitto ***V*** **29** est^2 ***H***: *om.* ***V*** **30** excludi ***H***: excludit ***V***

6 MAND. Sed quosnam possumus nunc invenire tam cito? Optimum erat atque oportunum, isti si vellent operam nunc tibi dare.

7 QUER. Quaeso, amici, officium nunc et religionem impendite. Ego quoque, si opus fuerit, vobis operam praestabo meam.

8 SYCOF. Nihil quidem istinc novimus. Sed si ita facto opus est, fiat.

SARD. Inhumanum est votis operam denegare.

9 MAND. Bene dicitis. Ambo estis boni.

38 R. **66.**2 QUER. Pro nefas, mene quasi ex consilio nunc solum fore? Hem Pantomale, celeriter iam nunc pervola et Arbitrum vicinum nostrum, ubicumque iam nunc reppereris, usque ad nos pertrahe. Sed novi egomet te. Vade iam nunc et cauponibus tete hodie colloca.

3 MAND. Nescis, Querole, fatum ac decretum mo*m*entis regi?

QUER. Quid igitur?

4 MAND. Hora est: synastria istaec mihi placet. Nisi iam nunc aliquid geritur, frustra huc venimus.

5 QUER. Eamus igitur intus.

6 MAND. Tu praecede, nos tecum sumus. Hem quod exciderat: estne aliqua tibi arcula inanis?

QUER. Non una quidem.

7 MAND. Una tantum est opus, in qua lustrum illud exportetur foras.

8 QUER. Ergo et claves largior, ut inclusa excludatur calamitas.

9 MAND. Omnia sunt peracta, quod bonum faustum felixque sit huic domui. Nos praesto sumus.

VI PANTOMALUS {SERVUS}

67 PANT. Omnes quidem dominos malos esse constat et manifestissimum est. Verum satis sum expertus nihil esse deterius meo: non quidem periculosus ille est homo, verum ingratus nimium et rancidus.
2 Furtum si admissum domi fuerit, exsecratur tamquam aliquod scelus. Si
3 destitui aliquid videat, continuo clamat et maledicit quam male! Sedile

1 sed ***H***: se ***V***[1]: si ***V***[2] **10** iam nunc ***Ω***: *fort. spuria iudicanda* **12** monentis ***Ω***, *corr. Pithou* | regi ***H***: rei ***V*** **14** *post* est *interpunxit Daniel*[2 +]: *post* synastria *edd. cett.* **21** ergo ***V***: ego ***H β*** **24** Servus ***Ω***, *del. Peiper* **28** *post* tamquam *fort. addendum* sit **29** destitui ***Ω***: destrui *Daniel* | maledicit ***V***: male dicet ***H***

mensam lectum si aliquis in ignem iniciat, festinatio nostra ut solet, 39 R.
etiam hinc queritur. Tecta si percolent, si confringantur fores, omnia ad
se revocat, omnia requirit. Hercle hic non potest ferri! Expensas autem 4
rationesque totas propria perscribit manu. Quicquid expensum non
docetur, postolat reddi sibi.

In itinere autem quam ingratus atque intractabilis! Quotiens est **68.**2
{autem} antelucandum, primum vino, dein somno indulgemus: hinc
primum est iurgium. Post autem inter somnum et me*r*um necesse est, 3
ut sequantur plurima turbata et trepida: perquisitio iumentorum,
custodum fuga, mulae dispares, iuncturae inversae, mulio nec se regens.
Huic re*s* prorsus nova in itinere culpa. Quando autem aliud fuit? Sit 4
paulisper patientia: totum istud emendat mora. At contra Querolus 5
causam ex causa quaerit, aliud ex alio ligat. Movere inutile carpentum 6
non vult neque animal debile continuoque clamat 'quare istud non
suggessisti prius?', quasi ille prius videre hoc non potuerit. O iniqua
dominatio! Ipse autem si culpam fortassis advertit, dissimulat et tacet et 7
tum litem intendit, quando excusatio nulla iam subest, ne postea
succurrat illud 'iam volebam facere, iam volebam dicere'.

Iam quotiens ultro citroque extrudimur, necesse est remeare ad **69**
diem. Atque ut agnoscatis penitus artem hominis pessimi: unam sem- 2
per ultra iustum nobis largitur diem, ut ad praescriptum revertamur.
Nonne iste irarum causas quaeritat? Nos autem semper (quicquidlibet 3
aliud alio fuerit tempore) illam nobis specialiter diem tribuimus, qua
redituri sumus. Itaque dominus {qui falli sese non vult neque decipi}, 4
quem Kalendis velit adesse, redire iubet pridie.

Illud autem quale est, quod temulentum exsecratur atque agnoscit **70**
quam cito! Modum qualitatemque vini in vultu et labiis primo con- 2 40 R.
spectu videt. Falli se prorsus non vult neque circumveniri ut solent.
Quisquamne huic possit bene aut servire aut obsequi? Calida⟨ria⟩m 3
fumosam non vult neque calices unguentatos. Quaenam hae sunt

1 iniciat ***V***: initiat ***H*** **3** requirit ***V***: requiret ***H*** **7** autem ***Ω***, *secl. Klinkhamer (verbum iteratum ex antecedenti)* **8** merum *Thomas*: metum ***Ω***: temetum *Daniel; sed cf. Aug. trin. 10.1*: motum *Wernsdorf* **9** turbata et ***H***: turba ***V*** **10** inversae ***V***: inverse ***H*** **11** res *Havet*: rei ***Ω*** | quando – fuit *interrogationem esse demonstravit Süß* | aliud ***Ω***: *fortasse* aliter **12** at ***V***: est ***H*** **17** excusatio ***V***: excuratio ***H*** **24** qui falli sese non vult neque decipi ***Ω***, *delevi* [+]: *invicem 28* falli – solent *del. Klinkhamer* **28** se ***Ω***: *fort.* sese *ex 24 huc transferendum* **29** calidariam *Emrich*: calidam ***Ω***

4 deliciae? Urceolum contusum et infractum, ynoforum exauriculatum et
sordidum, ampullam truncam *r*imosamque densis fultam cerulis non
5 simpliciter intuetur: bilem tenere vix potest. Iam excogitare nequeo,
71 quid sit quod tam pravis placere possit moribus. Vinum autem corrup-
2 tum tenuatumque lymfis continuo intellegit. Solemus etiam vinum
vino admiscere: numquid adulterium dici hoc potest, cum lagoena ve-
3 tere castrata suco rursus completur novo? Etiam hoc Querolus crimen
72 indignum putat et, ut est nequitia, suspicatur hoc statim. Ipsum etiam
pauxillum argenti levibus tensum tympanis limari commutarique sem-
2 per credit, quia factum est semel. Quantula est autem discretio? In
3 argento certe unus est color. Nam de solidis mutandis mille sunt prae-
4 stigia. Mutar*i* mu⟨l⟩ta facimus, et hoc mutari non potest. Has saltim
distingui non oportet tam gemellas formulas. Quid tam simile quam
5 solidus solido est? Etiam hic distantia quaeritur {in auro}: Vultus aetas
et color, nobilitas litteratura patria gravitas usque ad scriptulos quaeritur in auro plus quam in homine. Itaque ubi aurum est, totum est.
73 Hoc ante Querolus ignorabat, sed mali perdunt bonos.
2 Ille autem Arbiter ad quem nunc eo, quam sceleratus est homo!
41 R. 3 Servis alimenta minuit, opus autem plus iusto imperat. Inverso hercle
4 modio si liceret turpe captaret lucrum. Itaque si quando isti casu vel
5 consulto se vident, tunc invicem sese docent. Et tamen hercle, ut omnia
dicantur, si necesse est, malo meum. Adhuc ille noster, qualiscumque
est, tamen avarus non est in suos. Solum illud est, quod nimium crebro
6 verberat semperque clamat. Itaque illis ambobus deus iratus si⟨e⟩t.
74 Et non sumus tamen tam miseri atque tam stulti quam quidam
2 putant. Aliqui somnolentos nos esse credunt, quoniam somniculamur
de die. Nos autem id facimus vigiliarum causa, quia vigilamus noctibus.
3.4 Famulus qui diurnis quiescit horis, ⟨s⟩omni vigilat tempore. Nihil
umquam melius in rebus humanis fecisse naturam quam noctem puto.

1 ynoforum *de modo scribendi (y pro graece οι) vide Leumann p. 76* + exauriculatum ***V***: ex auricula tum ***H*** **2** rimosamque *Peiper*: limosamque ***Ω***, *fort. retinendum; cf. Hor. serm. 2.4.80* + | cerulis ***V***: caerulis ***H*** **6** vetere ***V***: veterae ***H*** **12** mutari[1] – potest *hic* ***Ω***: *ante* nam de solidis – praestigia *transpos. Klinkhamer, qui perperam crederet 72.1–2 de nummis argenteis agi* + | mutari multa *scripsi*: mutare multa ***B***: muta remuta ***Ω*** | et ***Ω***: *fort.* sed *scribendum* **14** quaeritur ***V***: queritur ***H*** | in auro ***Ω***, *del. Orelli* **20** captaret ***H***: liceret ***V*** **22** *post* est *add.* eligere *Herrmann* **24** siet *conieci numeros iambicos observans e Plaut. Amph. 392 et 934* °: sit ***Ω*** **28** omni ***Ω***, *corr. Löfstedt p. 428*

Illa est dies nostra, tunc aguntur omnia. Nocte balneas adimus, quam- 5
vis sollicitet dies. Lavamus autem cum pedisequis et puellis. Nonne
haec est vita libera? Luminis autem vel splendoris illud subornatur, 6
quod sufficiat, non quod publicet. Ego nudam teneo, quam domino 7
vestitam vix videre licet, ego latera lustro, ego effusa capillorum metior
volumina. Adsideo amplector, foveo foveor. Cuinam dominorum hoc
licet? Illud autem nostrae felicitatis caput, quod inter nos zelotipi non 8
sumus. Furta omnes facimus, fraudem tamen nemo patitur, quoniam
totum hoc mutuum est. Dominos autem observamus atque excludi- 9
mus, nam inter servos et ancillas una coniugatio est. Vae illis, apud quos 10
domini vigilias multam in noctem protrahunt! Tantum enim servis de 42 R.
vita abstuleris, quantum de nocte abscideris.

Quanti sunt ingenui, qui transfigurare sese vellent hoc modo, mane 11
ut domini fierent, servi ut vespere! Numquam tibi bene, Querole: opus 12
est, ut cum istaec omnia nos exercemus, tu aut lites aut tributum cogi-
tes. Nobis autem cotidie nuptiae natales ioca dibacchationes ancillarum 13
feriae: propter hoc non omnes fugere servi, propter hoc quidam nec
manumitti volunt. Quis enim tantam expensam tantamque inpunita- 14
tem praestare possit libero?

Sed nimium hic resedi. Meus ille credo iam nunc clama*b*it ut solet. **75**
Fas erat me facere quod praecepit: id est ut ad sodales pergerem. Sed 2
quidnam hic fiet? Accipienda et mussitanda iniuria est. Domini sunt,
dicant quod volunt: quamdiu libuerit, tolerandum est. Dii boni, num- 3
quamne indulgendum est mihi quod dudum peto, ut meus ille durus et
dirus nimis aut ex municipe aut ex togato aut ex officii principe?
Quamobrem istud dico? Quia post indulgentiam sordidior est abiectio. **76**
Quid igitur optem, nisi ut faciat ipse quod facit? Vivat ambitor togatus, 2
convivator iudicum, observator ianuarum, servulorum servulus, rimator circumforanus, circumspectator callidus, speculator captatorque

20 Plaut. *Aul.* 37: hic senex iam clamat intus ut solet. **22** Ter. *Ad.* 207: accipiunda et mussitanda iniuria adulescentiumst.

2 lavamus ***V***: lavamur ***H β*** **4** non ***H β***: *om.* ***L R***, *ras. unius litt.* ***V*** **10** coniugatio ***Ω***: coniuratio *Herrmann* **13** transfigurare ***V***: transfigurari ***H*** **14** bene ***H***: *om.* ***V*** **15** exercemus ***H***: exercere ***V*** | aut lites ***H***: *om.* ***V*** **17** propter[1] – servi ***H***: *om.* ***V*** **20** clamabit *Daniel*: clamavit ***Ω*** **24** *post* ut *add.* sit *Ranstrand (alii alibi), post* nimis *add.* fiat *Herrmann, utrum fort. recte* + **27** facit ***Ω***: facere fastidit *Süß tempt.*: fugit *Ranstrand*

3 horarum et temporum, matutinus, meridianus, vespertinus inpudens.
Salutet fastidientes, occurrat non venientibus, utaturque in aestu
tubulis angustis et novis.

43 R. VII MANDROGERUS QUEROLUS SYCOFANTA ⟨SARDINAPALLUS⟩

77 Mand. Depone ab humeris, Querole, pondus tam grave. Satisfactum
est religioni, quod tute ipse Malam Fortunam portasti foras.
2 Quer. O Mandrogerus, fateor numquam fieri posse hoc credidi.
Potentiam tuam et religionem ipsa res probat. Arcula istaec iam
dudum ut a me introlata est, quam levis mihi soli fuit, et nunc
quam gravis est duobus!
3 Mand. Nescis nihil esse gravius Fortuna Mala?
Quer. Edepol novi et scio.
4 Mand. Dii te servent, homo. Mihi ipsi hoc praeter spem ⟨e⟩venit, quod
5 laudas modo: nullam umquam domum sic purificatam retineo.
Quicquid erat calamitatis egestatisque inclusimus.
6 Quer. Miror hercle unde pondus.
Mand. Enarrari subito hoc non potest. Ceterum solet evenire, ut istaec
7 calamitas moveri multis non possit iugis. Iam istinc ergo ministri
78 nunc mei lustrum istud in fluvios dabunt. Tu autem monita quae
iam nunc dabo sensibus imis cape: Mala haec Fortuna quam
abstulimus redire temtabit domum.
2 Quer. Nec dii sinant! Una sit illi istaec et perpetua via.
3 Mand. Triduo ergo istoc periculum tibi est, ne haec ad te redire temtet
4 res mala. Tu igitur universo hoc triduo domi clausus esto nocte ac
44 R. die. Nihil de domo tua foris nunc dederis nihilque intra aedes re-
cipias. Vicinos cognatos amicos omnes tamquam profanos respue.
5 Ipsam Bonam Fortunam clamantem pulsantemque hodie nemo

23 Cic. *Pis.* 33.7: unam tibi illam viam et perpetuam esse. **25** Ter. *Eun.* 224: univorsum triduom.

1 *post* inpudens *interpunxi*: *post* vespertinus *edd. cett.* **4** Sycofanta ***H***: *ras. circ. novem litt.* ***V***^{Rc} **5** Sardinapallus *add. Klinkhamer (*Sarda-*)* **14** /venit ***L*** (*olim* evenit *ut vid.*): venit ***Ω***

audiat. Exacto autem hoc triduo illud domi non habebis, quod ipse 6
ex ipsa excluseris. Abi ergo intus.

Quer. Ego vero ac libens, dum tantummodo inter me ac Fortunam **79**
meam solum paries intersit.

Mand. Celeriter hunc abegi. Hem Querole, fortiter claude nunc fores. 2

Quer. Factum est.

Mand. Seras et catenas adhibe. 3

Quer. Tamquam pro memet fecero.

MANDROGERUS SYCOFANTA ET SARDINAPALLUS VIII

Mand. Pulchre edepol res processit: inventus spoliatus clausus est **80**
homo. Sed ubinam ornam respicimus vel ubi arculam istam confringimus atque abscondimus, ne furtum indicia prodant?

Sycof. Nescio edepol, nisi ubicumque in flumine. 2

Sard. Credis, Mandrogerus? Prae gaudio ornam illam inspicere non 3
ausus fui.

Sycof. Neque ego.

Mand. Atqui hercle ita facto opus fuit, ne mora suspicionem afferret. 4

Sycof. Verum est.

Mand. Primum fuit, ut inveniretur. Istud iam sequitur: tutum est. 5

Sycof. Quicquidlibet narres, Mandrogerus; recedamus qualibet. Ego 6
autem non credam mihi, nisi aurum inspexero.

Mand. Neque ego dissimilo. Pergamus. 7 45 R.

Sycof. Hac atque illac, tantum ad secretum locum.

Mand. Pro nefas! Viae omnes servantur, ripae frequentantur. Perga- 8
mus quocumque celeri⟨ter⟩.

3 Ter. *Andr.* 337: ego vero ac lubens. **3–4** Cic. *Catil.* 1.12: modo inter me atque te murus intersit.

2 ex ipsa ***V***: *om.* ***H*** **5** claude nunc fores ***V***: ÷ nunc ÷ claude ÷ fores $H^{a.c.}$; *de signis permutationis cf. 84.6*: ÷ nunc ÷ fores ÷ claude $H^{p.c.}$ **7** seras ***V***: serra ***H*** **8** pro memet ***V***: prome met ***H*** **9** et ***H***: *om.* ***V*** **11** confringimus $H^{p.c.}$: confrigimus $H^{a.c.}$: confringemus ***V*** **12** abscondimus ***H***: abscondemus ***V*** **14–15** non ausus fui ***V*** °: ausus non fui $H^{a.c.}$: non fui ausus $H^{p.c.}$ **17** suspicionem $H^{a.c.}$ ***V***: suscipicionem $H^{p.c.}$ **22** dissimilo $H^{a.c.}$ ⁺: dissimulo $H^{p.c.}$ ***V*** **25** celeriter V^3: celeri ***Ω***: celerius *Corsaro*

IX PANTOMALUS ET ARBITER

81 ARB. Hem Pantomale, domi quid agitur? Vester ille quid facit?
PANT. Quod nosti bene.
ARB. Ergo queritur.
2 PANT. Non plane: ita sit nobis incolomis atque propitius.
ARB. Atqui hercle solet esse ingratus.
3 PANT. Quid vis fieri? Sic se res habet. Caelum numquid aequaliter administratur? Sol ipse non semper nitet.
4 ARB. Bene, Pantomale noster! Tandem pro dominis solus qui haec dictitas.
5 PANT. Eadem dico vobis absentibus praesentibusque.
ARB. Credo, nam semper novi te bonum.
6 PANT. Tu nos bonos ac semper felices facis, qui nostrum illum bene mones.
ARB. Feci et facio semper.
7 PANT. Vah! Utinam ille mores servaret tuos essetque apud nos tam patiens atque indulgens quam tu cum tuis!
8 ARB. Non agnosco haec, Pantomale, suffragia: nimium nosmet praedicas.
9 PANT. Edepol nos omnes scimus et laudamus plurimum: utinamque illa tibi omnia eveniant, quod nos optamus servuli!
10 ARB. Immo tibi hercle! Pellibus ossibusque vestris eveniat, quicquid optastis mihi.
46 R. 11 PANT. Ha cur ita suspicaris? Numquidnam in aliquo nos gravas?
12 ARB. Non, sed quia vobis naturale est odisse dominos semper sine discrimine.
13 PANT. Male inprecamur multis, verum est, et saepe et libere, sed illis sycofantis et maleloquis, quos nosti bene.
82 ARB. Age iam credo. Sed quidnam tu dominum facere aiebas?
2 PANT. Rem divinam coeperat. Magus praesto erat cum ministris, intus omnes tunc ibant simul.
3 ARB. Quidnam est hoc, quod fores clausas video? Credo: divinam rem gerunt. Evoca illinc aliquem.

3 bene ***H***: male ***V*** **4** queritur ***H***: quaeritur ***V*** **7** se ***H***: *om.* ***V*** **10** dictitas ***V***: dictitatis ***H*** **22** tibi ***V***: *om.* ***H***: vobis *Lucarini* **23** optastis ***H***: optasti ***V*** **28** quos ***H***: quod ***V*** | nosti ***V***: nos ***H***

PANT. Hem Theocles, hem Zeta, aliquis huc adsit cito. Quidnam esse 4
hoc dicam? Silentium est ingens, nemo adest.

ARB. Solebant non ita somniculari ianitores ista in domo.

PANT. Credo hercle religionis causa ab inportunis cautio est. Eamus 5
huc ad pse⟨u⟩dothyrum, quam nosti bene.

ARB. Quid si illic clausum est?

PANT. Ne vereare. Me duce noster ille est aditus: claudi, non intercludi 6
potest.

MANDROGERUS SYCOFANTA ET SARDINAPALLUS x

MAND. O me miserum. **83**

SYCOF. O me infelicem.

SARD. O me nudum et naufragum. 47 R.

SYCOF. O magister Mandrogerus. 2

SARD. O Sycofanta noster.

MAND. O pater Sardinapalle.

SYCOF. Sumite tristitiam, miseri sodales, cucullorum tegmina. Plus est 3
hoc quam hominem perdidisse: damnum vere plangitur. Quid 4
agitis nunc, potentes, quid de thesauris cogitatis? Aurum in
cinerem versum est. Utinamque totum sic fieret aurum! Magis
essemus divites.

MAND. Depone paulisper inane pondus. Lacrimas demus funeri. O **84**.2
fallax thesaure, ne te ego per maria et ventos sequor! Propter te
feliciter navigavi, propter te feci omnia. Mathesim et magicam sum
consequutus, ut me sepulti fallerent? Aliorum fortunam exposui, 3
fatum ignoravi meum. Iam iam omnia recognosco varia haec fantasmata: erat hic plane Bona Fortuna, sed alteri debebatur, non mihi. 4
Nostra haec mutavere fata. Thesaurum nos, sed alienum invenimus. 5

10–11 Cic. *Mil.* 101: o me miserum, o me infelicem.

2 adest ***H***: est ***V*** **5** pseudothyrum *edd. ex* pseudotyrum ***β***: psedothyram ***H***: (psedo)thirum ***V**** (***L***; ipse dochirum ***R***) | (qu)am ***H V****: quod ***V***³ ***β*** **6** *ante* illic *add.* et *Lucarini, fort. recte* **9** Sardinapallus ***Ω***: Sardanapallus ***V***^Rc^: Querolus *add. Peiper* **13** Mandrogerus ***V***: mandogerus ***H*** **15** Sardinapalle ***Ω***: Sardanapalle ***V***² **16** SYCOF ***H β***: SARD ***V***^R^ **21** paulisper ***H***: pauper ***V*** **25** varia ***Ω***: vana *Orelli*

Quaenam est haec perversitas? Numquam ego flevi meum, nunc plango alienum. Et te, Querole, iustus non tangit dolor.

6 Sard. O crudele aurum, quisnam te morbus tulit? Quis te sic rogus adussit? Quis te subripuit magus? Exher*e*dasti nos, thesaure. Quon{i}am redituri sumus tot abdicati? Quae nos aula recipiet? Quae nos olla tuebitur?

85 Mand. Accede, amice, aulam iterum atque iterum visita.

48 R. *Sard.* Aliam spem quaerere, amice, poteras: haec iam non calet.

2 Mand. Perlege quaeso iterum titulum funeris atque omnem scripturae fidem.

3 Sard. Quaeso inquam, sodes: funus egomet quodlibet contingere nequeo. Nihil est quod metuam magis.

4 Sycof. Metuculosus homo es tu, Sardinapalle. Ego perlego: Trierinus Tricipitini filius conditus et sepultus hic iacet. Hem me miserum, hem me miserum!

Mand. Quidnam tibi est?

5 *Sycof.* Anima in faucibus. Audieram egomet olere aurum, istud etiam redolet.

Mand. Quomodo?

6 Sycof. Claustrum illud plumbeum densa per foramina diris flagrat odoribus. Numquam ante haec comperi aurum sic ranciscere: usurario cuilibet fetere hoc potest.

7 Mand. Quisnam cinerum est odor?

Sycof. Ille pretiosus atque tristis, cultus quem poscit miser.

8 Mand. Honorifice hoc bustum tractatum apparet, cuius adhuc sic redolet dignitas.

86 Sycof. Ego istaec non pertulissem, si recinenti ac monenti credidissem gragulae.

2 Sard. Ego in laqueos non incidissem, si monita curti servassem canis.

Mand. Et qualiter te ammonuit?

3 Sard. Egredienti mihi ad angiportum suras omnes conscidit.

3 te sic rogus ***V***: te : rogus : sic : ***H***; *de signis permutationis cf. 79.2* **4** exheridasti ***Ω***, *corr.* V^2 **5** quoniam ***Ω***, *corr.* ***A*** *var. lect. s. l.* **8** Sard *tribui*: Sycof ***Ω*** **13** Trierinus ***V***; *cf. etiam 100.3*: Trierinius ***H*** **15** hem[1] – hem[2] ***Ω***: heu – heu *Luck p. 81* **17** Sycof *Klinkhamer*: Sard ***Ω*** **20** flagrat ***Ω*** [+]: fraglat V^3 **31** conscidit $H^{p.c.}$ ***B***: conscedit $H^{a.c.}$: conscendit ***V***

MAND. Utinam tibi crura ipsa enervasset, ne umquam inde movisses 4 49 R.
pedem! O Euclio funeste, parumne vivus inlusisti? Ne defunctus 5
desines? Et quid ego non merui, qui agelasto illi et perfido fidem
accommodavi? Et fortunas meas in ipso risit exitu.

SYCOF. Heia, quid nunc facimus? **87**

MAND. Quid autem nisi quod dudum diximus, ut nos saltim de filio 2
eius Querolo ulciscamur probe atque illum, quoniam est credulus,
mirificis ludamus modis? Aulam illi per fenestram propellamus
clanculum, ut et ipse lugere incipiat, quem nos iam dudum plan-
gimus. Pedetemtim accede atque ausculta, Querolus quid rerum 3
gerat.

SARD. Consilium placet.

MAND. Accede edepol, sed urbane respice.

SARD. Attat quid ego video! Omnes nunc intus homines fustes et virgas 4
tenent.

MAND. Credo edepol isti illam Malam Fortunam expectant creduli. 5
Accede atque homines miris terrifica modis. Malam Fortunam 6
illam dicito esse te et comminare tamquam in aedes inruas.

SARD. Io Querole. **88**

QUER. Quis tu homo es?

⌜SARD. Ego sum tua Fortuna, quam redituram praedixit magus. 5

QUER. Abscede hinc. Ego hodie Fortunam non recipio nec Bonam.⌝

⌜SARD. Hem Querole. 4

QUER. Quid rogo nomen tu vocitas meum?⌝

SARD. Fores celeriter †vides†. 2

QUER. Quamobrem?

SARD. Ut domum rursus ingrediar meam. 50 R.

QUER. Hem Zeta, hem Pantomale, hac atque illac obsistite. Abi hinc 3
potius, Mala Fortuna, quo te sacerdos detulit.

1 movisses ***H***$^{p.c.}$ *i.m.* ***V***: monuisses ***H***$^{a.c.}$ **3** *ante* agelasto *add.* agelastus est sine ius minimo stans ***V***, *expunxit* ***V***^{3} **8** ludamus ***H***, *ut legi*: laudemus ***V***: ludemus ***V***^{3} **16** credo ***H***: crede ***V*** **17** fortunam ***H***$^{p.c.}$: fortunam nam ***H***$^{a.c.}$: *om.* ***V*** **21–22** SARD –Bonam *huc transposui (*SARD – magus *iam Herrmann)*: *post 88.4* vocitas meum *habet* ***Ω*** **23–24** SARD – meum *huc transposui*: *post 88.3* detulit *habet* ***Ω*** **25** vides ***V***: vide ***H***: recludas *Koen*: ut deseras *Riesenweber*, *al. al.*

6 Mand. Heus tu, Sycofanta, ad ianuam ⟨i⟩sta⟨m⟩ homines sevoca, dum
ego bustum hoc per fenestras ingero.
7 Sycof. Aperite hanc ianuam.
Quer. Omnes celeriter huc accurrite.
8 Mand. Ecce tibi thesaurum, Querole, quem reliquit Euclio. Talem
9 semper habeas, talem relinquas filiis. Omnia sunt perfecta. Nos
hinc ad navem celeriter, ne quod etiam nunc subito hic nobis
nascatur malum.
89.2 Sard. Ha, qu*o*d hodie acciderit, subeundum est. Tantum recurram huc
3 paululum. Perdidi mysterium, nisi ipse Queroli verba audio. Homo
est autem et credulus et formidolosus plurimum: qualiter nunc ille
4 exhorrescit mortuum! Admovebo aurem hac leviter... Hem quidnam ego audio? Omnes intus gaudent ⟨et⟩ tripudiant. Nulla spes
mihi est. Auscultabo iterum: actum est. Felicitas ad istos venit.
5 Nobis ergo bis male. Omnes intus saccos capsas scrinia requirunt,
6 aurum isti tractant, solidi intus tinniunt. Heu me miserum! Vita
erat, ubi nos mortem putabamus esse conditam. Erravimus miseri,
7 sed non simpliciter; erravimus, ⟨s⟩ed non semel. Metamorfosis hic
8 agitur. Bustum abstulimus, aurum abiecimus. Sed quid ego nunc?
Solum hoc restat nunc mihi, ut pro fure iam nunc tenear. Ibo ad
coniuratos meos, ne tantum facinus verumque funus solus egomet
defleam.

51 R. XI

LAR FAMILIARIS

90 Tandem urna peperit auri gravida pondere vilisque mater grande puerperium dedit, indigna quae frangeretur: tanta hoc non meruit fides.
2 Magna plane aula et memorabilis uno atque eodem tempore domino
3 fidem persolvit, furtum fecit furibus. O sapiens Euclio, nos iactantes
4 non sumus: thesaurum servasti vivus, liberasti mortuus. Omnes itaque
homines nunc intellegant neque adipisci neque perdere valere aliquid,
91 nisi u*t*ique faveat totum ille qui potest. Quantum ad personam Queroli

1 istam *Peiper*: sta ***Ω***: hanc sta *Klinkhamer* **9** quod ***R***: quid ***Ω***: quidquid *β* **13** et *addidi* **15** bis ***H***: nobis ***V*** **18** sed[2] *Peiper*: et ***Ω*** **24** pondere ***H***: pondera ***V*** | vilisque ***V***: vilis quam $\boldsymbol{H}^{p.c.}$ *i. m., lectio a. c. incerta* **30** utique *conieci*: ubique ***Ω***

spectat, perfecta iam sunt omnia. Sed Mandrogerontem illum furem ac 2
perfidum nunc inlaqueari volo. Qui ubi primum hoc audierit remque
omnem agnoverit, continuo rediturus est, ut thesaurum dividat.
Codicellos etiam proferre audebit, quibus ita coheres scriptus est, si 3
aulam Querolo sine fraude ostenderet. Quid huic merito eveniat, nisi
quod iam nunc fiet? Ferat quod facere voluit, nam quod fecit nostrum
est.

QUEROLUS ARBITER ET PANTOMALUS XII

QUER. O Arbiter, iamne credis, quod vidisti modo? **92**

ARB. Edepol credo et scio.

QUER. Quid tu, Pantomale, dicis? 2

PANT. Quid ego dico nunc, f*l*er*e* ut posthac desinas?

QUER. Mens mihi gaudio est confusa. Quid primum stupeam et 3 52 R.
gaudeam: consiliumne senis nostri an divinitatis?

ARB. Inprimis bonum divinitatis. Nam si ad hominem respiciendum 4
est, facile intellegitur et apparet furem tibi plus profuisse quam patrem.

QUER. Quid de memet censes, qui tam tarde agnoverim frau{g}menta 5
urnae illius quam iam dudum noveram?

ARB. Ego mihi non credideram, nisi quod ilico inspexi locum terram- 6
que motam. Ante hoc non credidi.

PANT. Atqui ego nihil dubitationis recepi, *u*bi in testulis quasdam ⌜vidi⌝ 7
⌜litteras⌝.

QUER. Ergo istaec omnia Mandrogerus ille fecit? **93**

ARB. Aut quid fieri aliud potest?

QUER. O sceleratum hominem, ⟨qui⟩ magum mathematicumque sese 2
diceret! Egone manibus meis praesidium paternum ut efferrem de 3

20 Plaut. *Amph.* 416: egomet mihi non credo.

6 ferat ***V***: fecerat $H^{a.c.}$: fecrat $H^{p.c.}$ **9** QUER V^{R}: *om.* ***H*** | iamne credis ***V***: iamne credis ne credis ***H*** **12** flere *Rittershusius*: fieri ***Ω***: queri *Rittershusius* **18** fraumenta *scripsi* ⁺: fraugmenta $H^{p.c.}$: fragmenta $H^{a.c.}$ ***V*** **22** ubi *Daniel*: ibi ***Ω*** **22–23** vidi litteras *conieci* °: litteras vidi ***Ω*** **26** qui magum mathematicumque *scripsi* ⁺: magum mathematicumque ***H***: magum mathematicum qui ***V***: magum mathematicumque qui ***R***

domo, ego memet domi *ut* conderem, ego ut redeunti obviarem
4 thesauro? Hoc est plane illud, quod mihi Lar Familiaris praedixit meus, etiam renitenti ac repugnanti ventura mihi bona omnia.

5 Arb. Quam pulchre factum est, ut cupiditas sic falleretur hominis fallacissimi!

6 Quer. Credis, Arbiter? Me*o*s ut nosti mores munificos nimis, munerare hercle possim hominem, si nanciscerer. Ita ridicule sceleratus fuit atque ipse sese lusit in omnibus.

53 R. 7 Arb. Ille quidem, ut scimus, male meruit perfidus. Sed quoniam tibi per illum bene ⟨e⟩venerunt omnia, omnes illi bene opt*e*mus facto, non merito suo.

94 Quer. Attat quidnam est? Nisi fallor, Mandrogerus ille est eminus. Quidnam ille hic revenit? Novum credo aliquod praestigium iterum
2 hac †exhibet†. Abi celeriter intus, Pantomale, et frau{g}menta urnae illius hic ad nos exhibe.

Arb. Placet hercle.

3 Quer. O bone Arbiter, fraudulento isti magnam iniciamus calumniam. Thesaurum nostrum ab hoc ereptum poscamus modo atque adstruamus ab ipso nobis alienum mortuum esse coniectum domi.

4 Arb. Ita fiat, consilium placet.

Quer. Propositum ergo retineam, sequuntur cetera.

XIII QUEROLUS ARBITER ET MANDROGERUS

95 Mand. Ave, mi Querole.

Quer. Etiam salutas, furcifer, quasi hodie me non videris?

2 Mand. Vidi edepol te visumque iterum gaudeo.

24 Plaut. *Amph.* 683: sic salutas atque appellas, quasi dudum non videris.

1 domi ut conderem *Havet*: domi conderem ***H B***: domine conderetur ***V***, *ante* ne *dist. et verba* pro ut *add.* V^3 *s. l.*: domine conderem ***P***: domi ut reconderem *Klinkhamer* **2** mihi ***H***: *om.* ***V*** **6** meos R^2: meus ***Ω*** **10** evenerunt *Rittershusius*: venerunt ***Ω*** | optemus *Cannegieter*: optamus ***Ω*** **11** non ***V***: non non ***H*** **14** exhibet ***Ω***, *corruptum censeo, fort. scribendum* instruet: exibit *Rittershusius*: exciet *Herrmann* | fraumenta *scripsi* [+]: fraugmenta ***H***: fragmenta ***V*** **15** hic ***Ω***: huc V^3 **20** ita fiat ***H***: *om.* ***V*** **21** retineam ***Ω***: retineamus *Daniel* sequuntur ***Ω***: sequentur *Cannegieter*

QUER. At ego iam nunc ⟨si⟩ vivo faciam, ne tu iterum gaudeas.
MAND. *Eho*, quid commerui? 3
QUER. Rogas, sceleste, qui hodie domum expilasti meam?
MAND. Missa istaec face: non sum alienus vobis. Domum egomet istam 4
iam pridem colo.
QUER. Iterum ad magicas? Aurum subripuisti hodie meum. 5 54 R.
MAND. Fortassis iure feci: nam debebatur et mihi.
QUER. Pulchre edepol! Solus exinde hic fui. Ubinam mihi nunc tu 6
frater nasceris et novellus et senex, unde subito tam vetustus, qui
nuper natus non eras? Nam si fratrem meum te esse adserueris, per- 7
dite, illud nunc restat, ut te dicas bimulum. Nam tertio anno pater
meus ille Euclio cum est profectus me hercle reliquit solum atque
unicum.
MAND. Superflua sunt ista: coheres ego sum, non frater tibi. **96**
QUER. Non recte edepol fieri istud solebat. Nam mallem, amice, 2
fratrem te quam coheredem esse asseras.
MAND. Quid multis opus est, Querole? Quod scriptum est, lege. Sume 3
igitur. Novi fidem vestram.
QUER. Hercle explorasti. Hem quid istuc est? ‘Senex Euclio Querolo 4.5
salutem dicit filio. Quia furtum tibimet fieri metuerem vel per
servum vel per extraneum quemlibet, Mandrogerontem fidelem
amicum et peregre mihi cognitum ad te direxi, ut is tibimet quod
reliqui sine fraude ostenderet. Huic tu medium thesauri dabis, si
fides ipsius atque opera expostolat.’ Hem sodes, paululum in parte 6
huc ades. Nihil huic deberi res ipsa exponit et docet, sed usquequaque, si placet, in summam, si libuerit, aliquid dabitur muneris.
Tu igitur patris mei amicus ac sodalis peregre fuisti? 7
MAND. Ipsa res docet.

3 Plaut. *Aul.* 437: etiam rogitas, sceleste homo, qui. **4** Ter. *Eun.* 90: missa istaec face.

1 at ***V***: ad ***H*** | si *add.* $\boldsymbol{R^2}$ ***β*** | gaudeas ***H***: facias ***V*** **2** heo ***Ω***, *corr.* $\boldsymbol{V^3}$ **7** nam ***H***: non ***V***: nam non ***β*** **10** adseveris $\boldsymbol{H^{a.c.}}$, *corr.* $\boldsymbol{H^{p.c.}}$ *i.m.*: adseveres ***V*** **15** solebat ***Ω***, *nescio an integre traditum*: volebat *Emrich* **16** coheredem ***V***: cohererem ***H*** **21** per ***V***: *om.* ***H*** **23** medium ***V***: mediam ***H***

8 QUER. Nimirum inde tam fideliter nobis *co*mmissa istaec tace⟨s⟩. Age amice, quoniam institutus es heres, da quod possit dividi.
55 R. **97** MAND. Edepol investigavi ac dedi integrum atque inlibatum thesaurum.
2 QUER. *Eh*o, tu mihi thesaurum aliquod dedisti?
MAND. Tu negas?
3 QUER. Nisi omnia in memoriam redigis, forsitam aliquid exciderit mihi. Quem tu narras thesaurum?
MAND. Quem tibi Euclio reliquit, ego tradidi.
4 *QUER*. Et aurum ad te quemammodum pervenit, homo alienissime?
MAND. Iocabar equidem, fidem postea ut perspiceres meam.
5 QUER. Tu ergo thesaurum et secretum illud, quod noster senex dereliquerat, abstulisti?
6 MAND. Utique hoc tibi cessit bene: alter enim non reddidisset.
98 QUER. Age iam, sodes, *lus*isti satis. Restitue potius, veram ut cognos-
2 camus fidem. Dis gratias, vicine Arbiter, quod spes nostra in tuto
3 est. Dixin paulo ante facere hoc non potuisse extraneum? Agimus
gratias, Mandrogerus. Dii te servent, amicorum optime, qui et mihi
superstiti et defuncto illi servasti fidem. Sed ubinam quaeso aulam
4 illam condidisti? Fiat plane quod ille praecepit senex. Exprome thesaurum, divisio celebretur, quoniam praesto est arbiter.
5 MAND. Immo potius tu aurum exprome et fidem tuam, quoniam egomet partes explicui meas.
6 QUER. Fatigas nos, Mandrogerus, an vere loqueris?
MAND. Edepol vere loquor atque honeste, nam qui totum habere potui, partem peto.
56 R. **99** QUER. Ergo inter manus ⟨tuas⟩ thesaurum fuit nostrum?
MAND. Fuit hercle.

10 Ter. *Eun*. 378: iocabar equidem.

1 nobis commissa *Daniel*: nobiscum missa ***Ω*** | taces *Daniel*^{2}: tace ***Ω***: face ***C***^{4} (*verba* missa istaec face *Arbitro tribuens*) *Daniel*^{2} **2** institutus ***V***: institus ***H*** **4** heo ***Ω***, *corr.* ***V***^{3} **6** forsitam ***H***: forsitan ***V*** **8** MAND ***H***$^{a.c.}$ ***V***^{Rc} *in ras.*: QUER ***H***$^{p.c.}$: *om.* ***β*** **9** QUER ***V***^{Rc} *in ras.*: MAND ***H β*** **10** equidem ***V***: -e quidem ***H*** | fidem ***H B***: fidem equidem ***V*** **14** lusisti *Rittershusius*: solvisti ***Ω*** | restitue ***V***: restiue ***H***$^{p.c.}$ *ut legi, lectio a. c. incerta* **15** *inde a* dis *Mandrogeronti trib.* ***V***^{Rc}: *adhuc Querolo* ***H β*** **16–20** dixin – arbiter *Mandrogeronti dat* ***B***$^{p.c.}$: *usque ad 16–17* agimus gratias ***C***^{4} **17** Mandrogerus ***H***: QUER ***V*** **26** tuas thesaurum ***V***^{3}: thesaurum ***Ω***: tuas aurum *Peiper*

Quer. Tu nusquam hodie pedem, nisi restitues quod abstulisse te 2
fateris, quia ire infitias non potes. Heia, inqu*am*, restitue quod abstulisti!

Mand. Reddidi. 3

Quer. Cui quando quomodo?

Mand. Hodie per fenestram.

Quer. Hahahae, tu thesaurum ubi repperisti? 4

Mand. Apud aedes sacras.

Quer. Quo aditu extulisti?

Mand. Hac per istam ianuam.

Quer. Quid igitur fuit causae, ut per fenestram redderes? 5

Mand. Tu, inquam, thesaurum illum asportasti foras.

Quer. Pulchre edepol conditionem codicellorum inplevisti, qua prae- 6
ceptum est, ut thesaurum mihi sine fraude ostenderes. Verum tamen 7
p*rae*scriptionem hanc transeo, qua uti possum, etiamsi aurum nunc ipse mihi traderes. Haec superflua sunt, ubi res nusquam apparet. Redde quod negas.

Mand. O tempora, o mores, o pater Euclio! Hancine mihi tu domi 8
fidem praedicabas? Reddidi, fateor omnesque per deos, ipsumque 9
thesaurum inlibatum intra aedes proieci tuas.

Quer. O Arbiter bone, plus iste admisit quam putabamus. Hic nisi **100** 57 R.
fallor ipse est, qui urnam illam funestam nobis proiecit in domum.

Mand. Dii te servent, ipsam ego proieci. Tandem apparet veritas. 2

Quer. Dic quaeso, Mandrogerus, fraumenta si aspexeris, potesne 3
agnoscere?

Mand. Ita ut conpaginari per me possint omnia.

Quer. Hem Pantomale, nescio quid paulo ante hic proferri iusseram. 4

Arb. Praesto sunt partes illae, in quibus titulus inscriptus fuit. 5

Quer. Agnoscisne, Mandrogerus? **101**

Mand. Agnosco hercle. Tandem cessent artes et praestigia.

Quer. Si verum agnoscis, lege celeriter, quod scriptum hic fuit. 2

18 Cic. *Verr. II* 4.56, *Catil.* 1.2, *Dom.* 137, *Deiot.* 31: o tempora, o mores.

2 inquit ***Ω***, *corr.* ***V***[3] | restitue ***H β***: restitues ***V*** **15** praescriptionem *Daniel*: perscriptionem ***Ω*** | qua ***V***: quam ***H*** **18** mores ***V***: mors ***H*** **19** reddidi ***V***: reddi ***H*** | omnesque ***Ω***: omnes *Lucarini, fort. recte* **24** fraumenta ***H***: fragmenta ***V*** **28** Arb ***Ω***: Pant ***C***[4] *Orelli* **29** agnoscisne ***V***: agnoscesne ***H***, -ne *add. s. l.* **30** artes ***V***: partes ***H*** **31** agnoscis ***V***: agnosces ***H***

3 MAND. Et legi et lego. Cedo hu{i}c mihi, Pantomale, frau{g}mentorum paginas: TRIERINUS TRICIPITINI FILIUS CONDITUS ET SEPULTUS HIC IACET.

4 QUER. *Eh*o scelestissime, dispicis? Si vivorum neglexisti gratiam, etiamne
5 mortuis manus intulisti ad ludum et ludibria? Neque contentus
eruisse bustum atque honores ultimos, per fenestram etiam
6 funestas mihi proiecisti reliquias. Quid ad haec dicis? Thesaurum
abstulisti, violasti sepulchrum, perdite. Domum meam non solum
compilasti, verum etiam polluisti, sacrilege. Tu negas?

102 MAND. Quaeso quandoquidem me fortuna sic destituit, nihil quaero ulterius. Vale.

2 QUER. At ego hercle quaero, cui mala omnia congessisti, scelus. Hem Pantomale, numquam ab ⟨i⟩stoc pedem. Ego iam nunc, ubinam praetor sedeat, investigabo celeriter atque omnia istaec exsequar iure et legibus.

58 R. 3 MAND. Quaeso, Arbiter, pro me ut verba facias. Nihil nisi veniam expostolo.

4 ARB. O mi Querole, numquam t*am* celeriter usque ad sanguinem. Ignosce ac remitte: haec vera est victoria.

103 QUER. Age reliquiae defuncti illius reconduntur. Quid de thesauro fiet?
ARB. Quid dicis, Mandrogerus?

2 MAND. Iuro per deos, iuro per ipsam quam rupi fidem, mihi nec aurum nec thesaurum esse.

3 QUER. Remove paulisper inania. Putemus nos paululum in iudicio stare. Ornam certe illam tu abstulisti.
MAND. Factum est.

4 QUER. Elige nunc, Mandrogerus, utrum voles: bustum illic an aurum fuit? Quandoquidem causa eiusmodi est, ut multis const*e*t modis.

1 huc V^3 ***B***: huic ***Ω*** | fraumentorum *scripsi* $^{+}$: fraugmentorum ***H***: fragmentorum ***V*** **2** Trierinus ***V***; *cf. 85.4*: Trierinius ***H*** **4** heo ***Ω***, *corr.* V^3 | dispicis ***V***: despicis ***H***: me despicis ***β*** **6** honores ultimos ***H***: cineres ultimo ***V*** **7** dicis ***V***: dicetis ***H P*** **12** at ***V***: ad ***H*** **13** ab istoc V^3: abstoc ***Ω*** **18** tam *Klinkhamer*: te ***Ω***: tu *Corsaro* **20** reconduntur ***Ω***: recondentur V^3: recondantur *Rittershusius* **28** constet R^2 ***P***: constat ***Ω***

Mand. Auribus teneo lupum: neque uti fallam neque uti confitear scio. Utrum dixero, id contra me futurum video. Dicam tamen: aurum illic fuit. 5

Quer. Redde igitur. **104**

Mand. Hoc iam factum est.

Quer. Factum doce.

Mand. Ornam tu recognoscis? 2

Quer. Quid vis ut respondeam? Primum egomet aulam non recognosco. Satisne hoc sufficit?

Mand. Quid? Titulum non recognoscis? 3

Quer. ⟨Non⟩ magis quam te, quem hodie primum hic noscito. Sed finge nunc a nobis ornam et titulum recognosci. Redde quod in aula fuit. 4

Mand. Tu autem {quid} in aula quid fuisse dicis? 5 59 R.

Quer. Ego interim non proposui, tu fare quod velis.

Mand. Et vos a me aurum quemammodum postolatis, cum res ipsa bustum et cinerem comprobet? 6

Arb. Ergo adquiescis, ut bustum illic fuerit? 7

Mand. Adquiesco, quandoquidem ita sic se res habet. 8

Quer. O stulte, sacrilegium confiteris, dum furtum negas! 9

Mand. ⌜Hac non processit, alia temtandum est via.⌝ Quid si nihil illic fuit?

Quer. Quidnam igitur postolas? Aurum si fuit, abstulisti, si non tulisti, non fuit. 10

Mand. Vos quaeso dicite nunc vicissim: quidnam illic fuit? **105**

Quer. Nobis interim sufficit purgare nosmet, obiecta repellere. Nam si te ingredimur, alia temtandum est via. 2

Mand. Quodnam hoc monstri genus est? Ego totum feci, solus totum nescio. Iam iam quaeso, quoniam mihi neque res neque causa 3 4

1 Ter. *Phorm.* 506–507: auribus teneo lupum: / nam neque quo pacto a me amittam neque uti retineam scio. **2** Cic. *Div. in Caec.* 45: utrum dixeris, id contra te futurum. **21** Ter. *Andr.* 670: hac non successit, alia adoriemur via; Sen. *Oed.* 392: alia temptanda est via.

1 neque[1] ***Ω***: nam neque *Wagner coll. Ter. Phorm. 506–507* | uti[2] ***V***: *om.* ***H*** **11** non *add.* ***C***[4] *Berengo* **14** quid[1] ***Ω***, *del. Orelli*: quid[2] *del.* ***R***[2] **21** hac – via *hoc loco* ***C***[4] [+]: *habet post 104.8* res habet ***Ω*** **25** nunc ***H***: *om.* ***V*** **27** ingredimur ***V***: ingremur ***H*** | alia temtandum est ***H***: temtandum ***V***

superest, simpliciter dicite, utrumne furtum an sacrilegium ego commisi: nisi forte illud nunc restat mihi, ut qui furtum non potui sacrilegium neque volui, utrumque fecisse convincar nefas.

5 QUER. Etiamne circuitione rem geris? Quid aliud autem in causa est, nisi quod praesidium abstulisti et cineres subdidisti — unum fraudulenter, aliud nequiter? Neque enim te bustum expetisse, aurum abiecisse credere quisquam potest.

6 MAND. Optime totum hoc adseritur et mihi ipsi verisimile videtur. Sed si quid creditis, non est ita.

60 R. **106** QUER. Age iam bono animo esto. Nil praeter sacrilegium perpetrasti, aurum autem ibi non fuit.

2 MAND. Furtum igitur non commisi. Dii te servent, vicimus! Nam istoc ego tempore poenam malo quam pecuniam debere. Sed illud quaeso exponite, unde ⟨pondus⟩ tantum illic erat.

3 QUER. Nescis, mage, nihil esse gravius Fortuna Mala?

MAND. Recognosco.

4 QUER. Etiam quaeritas, unde pondus? Tegmen urnae illius non vidisti plumbeum?

5 MAND. Iam iam omnia sibi conveniunt. His praestigiis etiam certus falli non potuisset magus?

107 ARB. Nondum intellegis, inepte, inpositum nobis esse ab illo, quem bene noveras? Unde autem illi thesaurum homini prope pauperi?

2 Ac si habuisset ille, ergone iste secretum nescisset patris tibique ille indicaret, quod non crediderat filio? Porro autem pater familias ille thesaurum si sciebat, illi tandem crediderat loco tibique illic patuisset aditus?

MAND. Edepol quid dicam, nescio.

3 ARB. Ergo Euclionem tu non noveras? Habuit senex ille multa haec laetissima, qui te etiam defunctus ridet.

4 MAND. Edepol tandem intellego, illius plane hic nequitiam recognosco.

5 Frequenter ille similibus me lusit modis. Quaeso igitur date veniam, quod cineres illos abstuli: aurum credidi.

3 sacrilegium neque volui *de ordine verborum cf. Ven. Fort. vita Pat. 9.28* **5** praesidium ***V***: praecidium ***H*** | subdidisti ***H***: abdidisti ***V*** **14** pondus *add. Rittershusius loco non indicato, huc pos. Ranstrand* ° **15** mage ***H***: magus ***V*** **24** indicaret ***V***: indicabat ***H*** **25** crediderat ***V***: credat ***H***

ARB. Bene excusas, Mandrogerus! Agnosco ingenium lepidissimum, 6
agnosco plane Euclionis nostri sodalem: talem semper ille di⟨le⟩xit
senex.

MAND. Sinite quaeso me abire. **108**

ARB. Hem Querole, humanum ac misericordem semper fuisse te scio. 2 61 R.
Hominem tam elegantem abire ne permiseris. Non unius officii
homo iste est: magum mathematicumque hic habes, tantum, quod
primum est, furtum facere non potest. Recipe quaeso amicum 3
veterem et novum, quandoquidem pater Euclio solum hunc tibi
reliquit in bonis.

QUER. Ha sed furem timeo. 4

ARB. Quid{u}n*a*m furem metuis? Iam totum hic abstulit.

MAND. Quaeso, Querole noster, patri egomet tuo me iam devoveram, 5
tibi nunc servire cupio. Quandoquidem hodie sic misertus es mei,
da victum, qui vitam indulsisti.

QUER. Si ambo ita vultis, fiat. Potesne discere leges novas? **109**

MAND. Hahahae, illas egomet ex parte condidi.

QUER. Senatus consultum dico egomet servilianum et parasiticum. 2

MAND. Oe, visne interdictorum capita iam nunc eloquar ad legem 3
Porciam, Caniniam ⸢Fufiam⸣, ⸢Furiam⸣ consulibus Torquato et
Taurea?

QUER. Potesne observare omnia? 4

MAND. Istud apud me parvum est. Tu nunc ut ediscam iubes, ego docere iam volo.

ARB. Hui, multarum palmarum hic est. Recipe quaeso iura instruc- 5
tissimum. Talem quaerere homines pro magno solent.

QUER. Quoniam ita vultis, fiat. Sed ubinam illi sunt socii atque 6
adiutores tui?

2 talem ***V****; cf. 109.5*: tales ***H*** | dilexit ***R***^{2}: dixit ***Ω***: dilexerat ***C***^{4} **5** hem ***V***: ha ***H*** **6** permiseris ***V***: permisemeris ***H*** **7** iste ***H***: *om.* ***V*** **12** quidnam *Corsaro*: quid unum ***Ω***: quid nunc *Berengo*: quid iam *Klinkhamer* **19** oe ***Ω***: ohe ***V***^{3} **20** Porciam ***V***: Portiam ***Hβ*** | Fufiam Furiam *sic transposui* $^{+}$: Furiam Fufiam ***Ω***: Fufiam *del. Klinkhamer* **23** parvum ***V***: parum ***H*** **24** iam ***V***: *om.* ***H*** | *post* volo *inseruit Legem convivalem Havet (*mercedem vulnerum*); cf. appendicem A infra* **25** (iur)a ***V****: iure ***Hβ***

62 R. XIV

QUEROLUS MANDROGERUS SYCOFANTA SARDINAPALLUS ⟨ARBITER⟩

110 Sycof. Nosque praesto sumus, o parens ac patrone.

2 Quer. O Sycofanta, o Sardinapalle, haec vestra est religio? Sed causas iam hic praestitit, vos abite quolibet.

3 Sycof. Et nosmet scimus, Querole, quoniam tris edaces domus una non capit. Verum quaesumus viatici nobis aliquid ut aspargas, quoniam spem omnem amisimus.

4 Quer. Viaticum ego vobis quonam pro merito?
Sycof. Nos cum Mandrogeronte huc venimus.

5 Quer. Digna causa ⟨***⟩

1–2 Querolus Mandrogerus Sycofanta Sardinapallus ***H***: Sycofanta Querolus ***V***^{R} **2** Arbiter *add. Klinkhamer*: Pantomalus *add. Berengo* **4** Sardinapalle ***Ω***: Sardanapalle ***V***^{2} **9** quonam ***V***: quoniam ***H*** **11** *post* digna causa *sequitur Lex convivalis in* ***Ω***, *quam infra invenias (appendix A). Deest autem exitus quem auctor ipse scripsit fabulae, sed perpauca tantum excidisse mihi persuasum est. Sunt etiam qui Querolo fabulae quaedam tribuant quae Legis convivalis verba certissime esse cognovit Peiper, hoc est* mercedem vulnerum victus accipiat *Klinkhamer et* mercedem vulnerum victus accipiat parasitus ***C***^{4}

APPENDIX A

LEX CONVIVALIS

⟨***⟩ mercedem vulnerum victus accipiat. Parasitus in convivio si fuerit **1**
veste discissus, a rege convivii duplam mercedem reparationis accipiat.
De livoribus in quadrantem solidi unius, de tumoribus in triantem 2
poena transibit. Quod si et tumor fuerit et livor, solidi unius bissem
iure optimo consequetur. Unam vero unciam aposiae {hoc est excoc-
tionis} contemplatione concedimus. Placuit autem, ut etiam de plagis et **2**
vulneribus inflixis summo strepitu criminali amicorum praestetur
inspectio, ita ut dodrantem solidi nec inspicientum gratia nec largientis
excedat humanitas. In luxu autem et ossibus loco motis usque ad 2
deuncem solidi iniuriarum commodum placuit extendi. Iam porro de
ossibus fractis placuit convenitque ut in minutalibus solidus, in prin-
cipalibus vero ossibus argenti libra protinus traderetur. Quae autem vel
principalia videri ossa debeant vel minuta⟨lia⟩, medicorum tractatus
inveniat. Si autem parasitus amplius quam praefinitum est voluerit 3
postolare, plus petiti periculo stranguletur. Rex convivii iniuriarum 4
merita etiam voluntariis decertationibus cogatur exsolvere, ita ut praemium criminosi ⟨in⟩ mercedem transeat vulnerati. In tantum autem **3**
parasitis consuli iura voluerunt, ut si vulneribus adflictus contestata lite
defecerit, heredibus eius paterni laboris ac meriti praemia non negentur.
Quod si parasitus quamvis tractatus incommode, tamen de malis suis 2
intestatus occiderit, unde auctor non egerit, heres agere non poterit.
Qui causas mortis non reddiderit, insepultus abiciatur. Et haec omnia 3
sic constituimus quasi inter ⟨pares⟩ hominum liberorum et aequalium
lasciviens turba desaeviat: nam si a patrono vel servo patroni parasitus
contra leges pertulerit iniuriam, habebit fugiendi liberam potestatem.

1 *deest initium Legis, cum incipere verbis huiusmodi sane non possit* **2** discissus ***V***: descissus ***H*** **3** unius ***H***: illius ***V*** **4** transibit ***V***: taxabitur ***H*** **5** hoc est excoctionis ***Ω***, *del. Daniel* **6** contemplatione ***H***: contemplationi ***V*** **7** inflixis ***H*** *(i. q. inflictis; cf. ThLL VII 1 1463.57s.)*: infixis ***V*** | criminali ***H***: criminari ***V*** **8** largientis ***V***: largentis ***H*** **10** de(uncem) ***V****: iau uncem ***H*** **13** minutalia *conieci*: minuta ***Ω*** **14–15** voluerit postolare ***H***: postularit ***V*** **17** in *add. Wernsdorf* **18** voluerunt ***Hβ***: voluerit ***V*** **20** incommode ***V***: incommodit ***H*** **21** unde auctor non egerit ***H***: *om.* ***V*** **22** reddiderit ***H***: redderit ***V*** **23** sic ***V***: si ***H***$^{p.c.}$: *om.* ***H***$^{a.c.}$ | pares *add. Lucarini*: se *add. Daniel*

APPENDIX B

ALTER EXITUS FABULAE (IN *C* INVENTUS)

108.4 Que. Ah sed furem timeo.
Arbi. Quid furem unum metuis? Fortuna tibi p[lus] fauet quam ut fures nocere possint.

...

xiv SYCOPHANTA QUEROLUS SARDANAPALUS

110 Nos presto sumus.
2 Que. O Sycophanta, o Sardanapalle. Hec uestra est religio? Sed causas iam hic prestitit uos abite quolibet.
3 Sard. Et nosmet scimus, Querole, quoniam quatuor edaces, Pantomalum et Mandrogerontem, me et hunc Sycophantam domus una non capit. Verum quaesumus uiatici nobis aliquid ut aspergas, quoniam spem omnem amisimus.
4 Que. Viaticum ego uobis quonam pro merito?
Sar. Nos cum Mandrogeronte huc uenimus.
5 Que. Digna causa mercedem uulnerum uictus accipiat parasitus. {aur}
Sarda. Pecu⟨n⟩iam non habemus, nec argentum tuum querimus da modo quod edamus.
Que. At aurum quesiuistis.
Syco. Aurum serua tibi des modo quod sufficiat uentri.
{Arb. Parum postulant, Querole, qui cibum petunt:} concede.
Panto. Ne hereas de re na-

2 plus *sic restitui pagina infracta* **15** aur C^{4}, *del.* C^{4c} **16** pecuiam C^{4}, *correxi* argentum C^{4c}: opes C^{4} | tuum C^{4c}: tuas C^{4} **20** Arb – petunt C^{4}, *del.* C^{4c} **21** de re na- *ultimae litterae in inferiore parte paginae rectae sunt, in versa nihil scriptum est nec umquam fuit: auctorem fortasse* de re naturae debita *scribere voluisse coni. Lucarini;* de re nata *coni. Reeve. Pro certo equidem habeo litteras vel verba subsequentia numquam scripta fuisse.*

APPENDIX ORTHOGRAPHICA

GENERALIA

adicio] 24.3 adiiciunt ***H***
amigerus] 15.3 hamigerum ***V²***
arpyiae] {55.3} arpygiae ***H***: arpigiae ***V*** | 59.1 arpygias ***H***: (arp)igias ***V****: arpias ***B***
aspargo] 58.2 asperseris ***V*** | 110.3 asperg- ***V***
atqui] 43.1. 46.1. 81.2 adqui ***H***
Capitolium] 56.6 capitul- ***H***
cerula] 70.4 caerulis ***H***
clepsidra] 64.4 clepsedra ***H***
cocus] 42.4 coquorum ***V²***
codicellus] 91.3 codicill- ***V*** | 99.6 codicill- ***V²***
comessationes] 23.9 comesationes ***V***: commessationes ***β***
compilo] 101.6 compulasti ***V¹***
condicio] 29.1 conditio ***Ω***
consequor] Lex 1.2 cosequetur ***H***
cygneus] 56.2 cignea ***H***
cynicus] 45.8 cinicus ***V***
debacchatio] 74.13 dibacc- ***V¹***: dibacch- ***V²***
desperatio] 35.6 disp- ***H***
deus] 43.5 dii] di ***V*** | 98.2 dis] diis ***V***
dico] 64.2 deceris ***H***
ego] 2.2 mihi] michi ***V***
elegans] 108.2 eligant- ***H***
enormis] 12.1 inorm- ***H p.c. V²***
excido] 66.6 excederat ***H***
exheredo] 84.6 exheridasti ***Ω***
fatum] 13.1 fatom ***H a.c.***
forsitan] 97.3 forsitam ***H***
fraumentum] 92.5 fraugm- ***H p.c.***: fragm- ***H a.c. V*** | 94.2. 101.3 fraugm- ***H***: fragm- ***V*** | 100.3 fragm- ***V***
gracula] 86.1 gragulae ***H***
hahahae] hahahe ***V*** *passim*
hariolus] 56.2 ariol- ***V***
hirquicomans] 60.1 hyrqui- ***H***
hordeum] 56.5 ordea ***H***: horea ***V²***
-im (*acc. sg. decl. uel tertiae uel Graecae cuiusdam in* -i-)] 64.6 genesem ***H***
incolomis] 4.6. 17.5. 51.2. 81.2 incolum- ***V***
indicium] 80.1 inditi- ***H***
infitias] 99.2 inficias ***V***
inhumanus] 65.8 inuman- ***V¹***
intellego] 22.9 -lig- ***H*** | 42.6 -lig- ***H p.c.*** (*postea iterum in* -leg- *correctum*)
Iupiter] 64.5 Iuppiter ***V***
lagoena] 71.2 lagona ***H***
litterola] 2.2 -ulas ***V***
loquor] 41.4. 47.1 (loqu-) locut- ***V*** | 62.8 eloquutus] me locutus ***V***; *cf. s. v. (con, in)sequor*
luxus] Lex 2.2 lox- ***V***
lymfa] 71.1 lymph- ***V***
maleloquus] 81.13 mali- ***V***
malo] 73.5 mallo ***H*** | 106.2 mallo ***HV¹***
metuculosus] meticulosus ***H a.c. V¹a.c.***
misantropus] 16.4 mesantropus ***HV***: misanthropus ***H p.c.***
multiformis] 56.7 multi form- ***H***
nihil] 27.8 nichil ***V***
oe] 17.5. 21.5. 26.3. 40.3. 109.3 o.e ***H*** *passim*
orna] 3.2 *bis*. 4.3. 12.1. 12.2. 80.1. 80.3 urn- ***H p.c.*** | 4.2. 13.4. 103.3. 104.2. 104.4 urn- ***H***
pedetemtim] 87.3 pedetempt- ***V***
periero] 21.4 *et* 21.5 peier- ***H p.c. V²*** | 21.9 peier- ***H p.c. V*** | 21.10 peier- ***V²***
philosophicus] 2.3 phylo- ***V***
(ex)postolo] 46.5. 49.8. 67.4. 96.5. 102.3. 104.6 postul- ***V***; *cf.* Lex *2.3*
propitio] 61.3 propiciari ***Ω***
Proteus] 56.7 protheum ***V***

protinus] Lex 2.2 protenus ***V***[1]
pulcher] 80.1 pulcre ***H***
relinquo] 24.6. 8. 88.8. 95.7. 97.3. 108.3 reliquid ***H*** | 65.5 riliquid ***H***
saccellum] 56.3 sacell- ***V***
saltim] 21.5. 24.7. 87.2 saltem ***V*** | 29.7. 33.1. 3. 34.1. 72.3 saltem ***V***[2]
sepulchrum] 5.1. 57.21 sepulcri ***V***
(con, in)sequor] 32.1. 42.1. 60.2. 94.4 (con, in)secuntur ***V***[1] | 84.2 consecut- ***V***
sidus] 55.2 syd- ***V***[1]
sigillum] 65.2 segilla ***H***
somnolentus] 74.2 somnu- ***V***
(con)sumo] 2.3 sums-] sumps- ***V*** | 44.2 (con)sumps- ***V***[3], *lectio* ***V***[1] *non liquet*
sumtuosus] 54.7 sumpt- ***V***
sumtus] 52.4 sumptum ***V*** | 56.5 sum tum ***H***[a.c.]: sumptum ***V*** | 65.2 sumtu] sum tu ***H***: sumptu ***V***
synastrius] 65.8 sinastr- ***V***[1]
talus] 17.2 thalos ***V***[1]
tandem] 81.4 tamdem ***H***
temto] 45.6. 78.1. 104.8. 105.2 tempt- ***V***[2]
temulentus] 70.1 temol- ***V***[1 a.c.]
trians] Lex 1.2 trientem ***V***
tris] 110.6 tres ***H***[a.c.]
vah] 81.7 va ***H***
vetus] 71.2 veterae ***H***
video] 43.2 vedebam ***H***
volo] 52.1 velitis] vellitis ***H*** | {69.4}. 70.2. 109.1 volt(is) ***V***
vulcanosus] 40.2 vulganosa ***H***
vultus] 72.4 voltus ***V***[1 p.c.]

ASSIMILATA ET DISSIMILATA

ad
(quem)ammodum] 18.10 (*lectio* ***V***[1 a.c.] *non liquet*). 30.3 quemadmodum ***V***[2] | 36.7. 97.4. 104.6 quemadmodum ***V***
ammoneo] 86.2 adm- ***V***
adsero, adsertio] 18.11 assertio ***H*** | 96.2 asseras ***H***[p.c.] ***V*** | 105.6 ass- ***V***
adtingo] 17.2 attigeris ***V***
adtollo] 56.3 att- ***V***

con
compello] 27.5 conp- ***V***
conperio] 5.1 comp- ***V***
compleo] 71.2 conp- ***V***
consequor] Lex 1.2 cosequ- ***H***

e(x)
exsecro] 67.2. 70.1 execr- ***V***
exsequor] 102.2 exequ- ***V***

in
inbecillus] 35.6 imb- ***V***
inludo] 86.5 ill- ***V***
inpleo] 99.6 imp- ***H***[a.c.] ***V***
inpono] 107.1 imp- ***V***
inportunus] 17.2. 53.2. 82.5 imp- ***V***
inpostor] 50.5 imp- ***V***
inprecor] 81.13 imp- ***V***
inprobitas, inprobo, inprobus] 46.6. 54.2. 57.6. 58.1. 61.1 imp- ***V***
inpudens, inpudentia] 34.3 imp- ***V***
inpunis, inpunitas] 17.3. 74.14 imp- ***V***
inputo] 28.2 imp- ***V***

(n)um
(n)umquam] 14.3. 21.2. 74.4. 102.2. 102.4 (n)unquam ***V*** | 21.7 *bis*. 39.2. 85.6 (n)unquam ***V***[2], *discerni non licet utra manus (utrum* ***V***[1] *an* ***V***[2]*) eraserit*

numquid] 71.2 nunquid ***V***

ob
obtineo] 31.1 opt- ***H***
opto (*sic*)] 76.1 obtem ***H***

quam
quamquam] 36.1 quanquam ***V***

quid
quicquid] 5.1 *bis*. 67.4 quidquid ***V***

re(d)
retuli] 5.1 rettulerit ***V***

sub
suscenseo] 24.7 succens- ***V***

INDEX FONTIUM

Afranius
Vopisc. fr. 384 17.9

Cicero
Catil. 1.2 99.8
Catil. 1.12 79.1
Deiot. 31 99.8
Div. in Caec. 45 103.5
Div. in Caec. 45 64.1
Dom. 137 99.8
Mil. 101 83.1
Pis. 33.7 78.2
Pis. 67 56.6
S.Rosc. 56 56.7
Verr. II 4.56 99.8
Verr. II 5.118 57.3

Martialis
12.34.10 23.7

Plautus
Amph. 392 64.5
Amph. 416 92.6
Amph. 683 95.1
Aul. 2 17.7
Aul. 37 75.1
Aul. 216 45.5
Aul. 437 95.3
Men. 494 16.5
Men. 639–640 20.3
Mil. 47 46.1
Most. 1037 48.4
Poen. 225 17.9
Rud. 231 22.5
Rud. 759 17.2
Rud. 854 30.1
Rud. 1031 49.2
Trin. 188 21.1
Truc. 897 49.2

Seneca
Oed. 392 45.5; 104.9

Terentius
Ad. 71 24.9
Ad. 83 17.3
Ad. 207 75.2
Ad. 227 17.7
Ad. 720 17.7
Ad. 979 18.2
Andr. 337 79.1
Andr. 670 104.9
Andr. 845–846 16.2
Eun. 75 57.5
Eun. 90 95.4
Eun. 224 78.4
Eun. 294–295 40.1
Eun. 378 97.4
Eun. 756 17.9
Heaut. 325 33.7
Heaut. 502 46.5
Heaut. 1056 24.8
Phorm. 459 39.1
Phorm. 506–507 103.5
Phorm. 841 16.1

Vergilius
Aen. 3.226 (cf. Serv. *ad loc.*) 56.5
Aen. 3.621 53.5
Aen. 4.100 33.5
Aen. 6.100 37.6

INDEX NOMINUM RERUM VERBORUM

* *coniecturam indicat*

abiectio 76.1
academicus 2.4
adiutor 109.6
adquiesco 104.7; 104.8
adserere 2.4; 95.7; 96.2; 105.6
adstruere 94.3
adulterium (*de uino*) 71.2
aedituus 57.1
Aeneas 57.7
aerumnosus 22.2
age 17.1; 27.8; 33.2; 50.4; 82.1; 96.8; 98.1; 103.1; 106.1
agelastus 86.5
alienissimus 97.4
amatus (*i. q. hamatus*) 43.3
amigerus (*i. q. hamigerus*) 15.3
ancillarum feriae 74.13
angiportum (-us?) 86.3
anser 53.2; 56.4; 56.7; *uide etiam* cygnus, olor
anserinus 56.1
antelucanus 31.5
antelucare 68.2
Anubis 57.2
apage 17.9
Apicius 42.4
aposia Lex 1.2
apud (*i. q. cum*) 2.1; 41.1; 81.7
Arbiter 66.2; 73.2; 92.1; 93.6; 94.3; 98.2; 98.4 (*per iocum*); 100.1; 102.3
arcula 66.6; 77.1; 80.1
argentaria 45.2
argentum 72.1; B110.5; Lex 2.2
arpyiae {55.3}; 59.1
aspargere 110.3
atomus 53.5
attat 18.1; 20.2; 30.1; 40.4; 45.2; 50.1; 87.3; 94.1
auctor Lex 3.2
audin 43.7; *uide etiam* dixin, scin
aula 42.4; 84.6; 85.1; 87.2; 90.2; 91.3; 98.3; 104.2; 104.4; 104.5; *uide etiam* olla
Aulularia 8.1; 10.1
auscultare 87.3; 89.4
avarus 3.1; 12.1; 33.4; 73.5
ave 16.3 (have); 95.1
avolare 15.2

balnea 74.5
balteus 40.2
barbarus 7
biformis 57.2
bimulus 95.7
bis(sis?) (*i. q. bes(sis)*) Lex 1.2
Bona Fortuna 37.8; 78.5; 84.4; 88.5; *uide etiam* fortuna/Fortuna, Mala Fortuna
bona hora 20.4
bonus faustus felixque 66.9
Breseis 33.5
bruma 31.4
bustum 3.2; 4.3; 12.1; 13.1; 13.4; 85.8; 88.6; 89.7; 101.5; 103.4; 104.6; 104.7; 105.5

calamitas 35.1 (*de Lare*); 35.9; 66.8 (*de Mala Fortuna*); 77.5 (*ambigue*); 77.6 (*ambigue*)
calidaria *70.3
calumnia 94.3 (inicere)
cancer 31.4 (*pl., i. q. aestus*)
Caninius 109.3
caninus 57.1
capitale 19.1; *uide etiam* sententia capitalis
Capitulium 56.7
capripes 60.1

capsa 33.3; 89.5
captator 76.2
carbonaria 18.2
carcer 31.4; 43.4
castrare 71.2 (*in imagine*)
catenula 43.3
caupo 66.2
cautio est (*i. q. cauetur*) 82.5
cave 17.8
cedo 101.3
celebrare 65.4 (sollemnitatem); 65.5 (religionem); 98.4 (divisionem)
censor 24.4
Cerberus 57.7
charta 32.1; 33.1
cibus B110.5
cinis 83.4; 85.7; 104.6; 105.5; 107.5
Circe 56.8
circuitio 105.5
circumforanus 76.2
circumspectator 76.2
circumvenire 37.2; 70.2
clepsidra 64.4
clodus pes 10.2
codicellus 91.3; 99.6
coheres 3.3; 91.3; 96.1; 96.2
se collocare 66.2
comessatio 23.10
commerere 21.11; 95.3
commissum *96.8
competum 23.10
compilare 101.6
concubinula 33.4
condimentum 42.4
conditor 42.4
coniugatio (*de re ueneraria*) 74.9
conpaginare 100.3
consul 109.3
consultum *uide* senatus consultum
convivator 76.2
convivium 31.5; Lex 1.1; Lex 2.4
corymbus 58.2
coturnus 31.4
credulus 87.3; 87.5; 89.3
criminosus 18.14; Lex 2.4
cucullum 83.3
curtare 40.2
curtus (*de cane*) 86.2
custos et cultor 11.1
cygneus 56.2
cygnus 56.4*; uide etiam* anser, olor
cynicus magister 45.7
cynocefalus 53.2; {55.3}; 56.9; 57.7
Cythere 33.5

dealbatus 18.1; 18.2
debilis 68.6 (*de carpento*)
debitum 16.5; 59.2
decertatio Lex 2.4
decretum 11.2; 61.4; 66.3
deliciae 70.3
desaevire Lex 3.3
destituere 67.2
deunx Lex 2.2
deus 13.3; 14.1; 32.4; 57.5; 60.2; 73.6; 103.2 (*pl.*)*; uide etiam* dii boni, dii te servent, dis gratias, nec dii sinant
dibacchatio 23.11; 74.13
dii boni 75.3
dii te servent 43.5; 64.2; 77.4; 98.3; 100.2; 106.2
dis gratias 98.2
discindere Lex 1.1
discretio 72.2
discrimen 81.12
dispar 68.3 (*de mulis*)
dissimilare 80.8
distantia (*i. q. discrimen*) 72.5
divinitas 92.3
divinus 47.2; 50.8; 64.11*; uide etiam* res divina
dixin 17.3; 98.2 *uide etiam* audin, scin
dodrans Lex 2.1
domi (*i. q. in domum*) 94.3
duplus Lex 1.2

ecce 88.8
Ecuba 57.2
edax 110.3

edepol 17.2; 34.2; 41.1; 44.4; 48.7; 49.2; 56.9; 62.1; 63.5; 77.3; 77.8; 80.1; 81.9; 87.3; 87.5; 92.1; 95.2; 95.6; 97.1; 98.6; 99.6; 107.2; 107.4
egestas 77.5 (*ambigue*)
cho *19.3; *33.7; *62.7; *95.3; *97.2; *101.3
elegans 108.2
en 56.6
Euclio 3.1; 3.2; 12.1; 24.8; 42.4; 86.5; 88.8; 90.3; 95.7; 96.5; 97.3; 99.8; 107.3; 107.6; 108.3
euge 18.2; 40.3
ex (*i. q. pristinus*) 75.3
exauriculatus 70.4
excusare 107.5
exinde 11.3; 18.6; 45.8; 95.6
expensa 67.3; 74.14
experimentum 62.1
expilare 95.3
expostolare 96.5; 102.3
extraneus 65.5; 96.5; 98.2

fabella 8.2
fabula 8.2; 10.1; 47.5
fallax 56.3; 84.2; 93.5
fallere (*i. q. se fallere*) 11.4; 26.2; 64.4
fantasma 84.4
fari 104.5
fatigare 98.6 (aliquem)
fatum/Fatum 14.2; 15.1; 16.1; 17.6; 17.7; 53.5; 61.2; 61.3; 66.3; 84.3; 84.4 (*pl.*)
faustus *uide* bonus faustus felixque
favere B108.4
felicitas 89.4 (*per prosopopoiiam*)
felix *uide* bonus faustus felixque
ferula 50.6
fetere 85.6
fidelis 96.5; 96.8
fides 90.1; 90.2; 96.3; 96.5; 97.4; 98.2; 98.3; 98.5; 99.8; 103.2
fingere 104.4
flagrare 85.6
flavus 54.4
flere *92.2
fluvii 77.7
formidolosus 89.3
formula 72.4
foro uti 34.1
Fors Fortuna 16.1; *uide etiam* fortuna/Fortuna
forsitam 97.3
fortassis 68.7; 95.5
fortuna/Fortuna 15.1; 16.1; 29.1; 79.1; 84.3; 86.5 (*pl.*); 88.5; 102.1; B108.4; *uide etiam* Bona Fortuna, Fors Fortuna, Mala Fortuna
fraudulenter 105.5
fraudulentus 94.3
fraumentum *92.5; *94.2; 100.3; *101.3
sine fraude 91.3; 96.5; 99.6
frequenter 107.4
frivolus 23.11
Fufius 109.3
fugere 74.13; Lex 3.3
fuliginosus 40.1
fumosus 70.3
funestus 86.5 (*de homine*); 100.1 (urna); 101.5 (reliquiae)
fur 3.4; 13.4; 16.5; 37.2; 37.4; 39.4; 40.4; 45.4; 89.8; 90.2; 91.2; 92.4; (B)108.4
furcifer 95.1
furia 55.3
Furius 109.3
furtum 67.2 (admittere); 90.2; 96.5; 104.9; 105.4; 106.1; 108.2 (facere)

genesis 64.6
genius 14.3; 18.1; 22.4; 61.4; 64.14
Graecia 30.5
Graecus 7
gragula 86.1
gravitas (*de nummis*) 72.5

ha 43.2; 81.11; 89.1; 108.4
haereo B110.5

hahahae 19.4; 27.8; 30.3; 33.6; 50.7; 54.1; 54.7; 99.4; 109.1
hamigerus *uide* amigerus
hariolus 56.3
harpygiae *uide* arpyiae
have *uide* ave
Hecuba *uide* Ecuba
heia *18.3; 45.6; 86.5; 99.2
hem 40.3; 47.2; 50.6; 66.2; 66.6; 79.2; 82.4; 85.4; 88.3; 88.4; 89.4; 96.4; 96.6; 100.4; 102.1; 108.2
hercle 17.3; 40.4; 41.2; 50.3; 50.7; 67.3; 73.2; 73.4; 77.6; 81.2; 81.10; 82.5; 93.6; 94.2; 95.7; 96.4; 99.1; 101.1; 102.1
heres 32.4; 36.5; 96.8; Lex 3.1; Lex 3.2
heu 21.8; 89.6
heus 88.6
hirquicomans 60.1
homuncio 17.5
honorata quies 1
hora *uide* bona hora
hui 109.5
humanitas Lex 2.1
humerus 77.1
hydra 55.4

iactura 34.3
iam iam 65.1; 84.4; 105.4; 106.5
ianitor 82.4
incolomis 6; 17.5; 51.2; 81.2
incommode Lex 3.2
indiculum *45.2
inducere 8.2
indulgere 108.5
ineptus 107.1
infitiae 99.2
ingredi 105.2
ingressus 50.9
inlaqueare 91.2
inlibatus 97.1; 99.9
inlustris 6
inponere 107.1
inpostor 40.3; 50.5
insepultus Lex 3.2
interdicere 109.3
interim (*fere i. q. autem*) 104.5
intestatus Lex 3.2
intus (*plerumque i. q. intro*) 41.3; 47.1; 66.5; 78.6; 82.2; 87.4; 89.4; 89.5; 94.2
investigare 97.1; 102.2
invicem sese 73.4
io 88.1
ipsud 50.6
irrisor *47.2
istoc 106.2
iudex 39.4
iunctura (*i. q. frena*) 68.3
Iupiter 64.5
ius (*per iocum*) 42.4; 109.5
ius gentium 30.5

Kalendae 69.4

lagoena 71.2
Lar Familiaris 8.3; 17.7; 18.2; 22.8; 27.6; 30.1; 34.4; 93.4
lasciviens Lex 3.3
Latinus 7
lavare 74.5
lepidus 107.6
lex Caninia Fufia 109.3
lex Furia 109.3
lex Porcia 109.3
libera potestas Lex 3.3
libra Lex 2.2
Liger 30.4
litteratura (*de nummis*) 72.5
livor Lex 1.2
ludibrium 101.4
ludicrum 1
Luna 64.5
lustrare 74.7
lustrum 66.7 (*de Mala Fortuna*); 77.7
luxus Lex 2.2
lymfae (*i. q. aqua*) 71.1

magica 84.2; 95.5 (*pl.*)
magus 3.4; 47.2; 48.3; 50.1; 50.8; 82.2; 88.5; 93.2; 106.3; 106.5; 108.2
Mala Fortuna 61.4; 64.6; 77.1; 77.3; 78.1; 87.5; 87.6; 88.3; 106.3; *uide etiam* Bona Fortuna, fortuna/Fortuna
maleloquus 81.13
Mandrogerus 8.3; 42.3; 43.1; 50.1; 51.1; 51.2; 62.7; 63.1; 77.1; 80.3; 80.6; 83.2; 91.2; 93.1; 94.1; 96.5; 98.3; 98.6; 100.3; 101.1; 103.1; 103.4; 107.5; 110.3; 110.4
Mars 64.5
mater 90.1 (*de urna*)
materia 3.1; 8.4
mathematicus 3.4; 47.2; 93.2; 108.2
mathesis 84.2
medicus Lex 2.2
mediocriter 29.3
medium (*i. q. dimidium*) 96.5
memorabilis 90.2
men 20.3
merces Lex 1.1; B110.5
Mercurius 64.5
merere 93.7
meritum 11.3; 11.4; 22.1; 41.2; 51.2; 91.3; 93.7; 110.4; Lex 2.4
-met 8.4; 9; 11.3; 11.4; 13.5; 14.3; 15.2; 18.2; 18.4; 18.9; 18.12; 22.2; 23.10; 24.7; 27.7; 33.3; 35.5; 36.7; 37.8; 39.2; 43.1; 43.7; 45.8; 47.6; 53.6; 56.8; 62.2; 64.9; 66.2; 79.3; 81.8; 85.3; 85.5; 89.8; 92.5; 93.3; 94.4; 96.5; 98.5; 105.2; 109.2; 110.3
met †21.10
metamorfosis 89.7
metuculosus 85.4
minister 77.7; 82.2
minutalis Lex 2.2
misantropus 16.4
misericors 108.2
modius 73.3
monstrum 105.3
movere (*i. q. se mouere*) 68.6
multiformis 56.8
multiplex 56.8
multisonus 57.3
municeps 75.3
munificus 93.6
mussitare 75.2
mysterium 18.1; 55.3; 56.1; 57.4; 89.2

-n (*i. q. -ne*) *uide* audin, dixin, men, scin
natalis (*i. q. dies natalis*) 74.13
naufragium 54.1
ne (*i. q.* νή) 84.2
nec dii sinant 78.2
nec (*i. q. ne … quidem*) 17.3; 68.3; 74.13; 88.5
nequiter 105.5
nequitia 107.4
Nestor 33.5
nimirum 96.8
nobilitas (*de nummis*) 72.5
noctivagus 60.1
noscitare 104.3
novellus 42.6; 95.6
numerus 53.4
numquidnam 27.7; 41.2; 62.7; 81.11

obsequium (*genus potestatum*) 53.1
observator 76.2
oe 17.5; 21.5; 26.2; 40.3; 109.3; *uide etiam* ohe
oenoforus *uide* ynoforus
officii princeps 75.3
ohe 43.4; *uide etiam* oe
olere 85.5
olla 42.4; 84.6; *uide etiam* aula
olor 56.4; *uide etiam* anser, cygnus
orac(u)lum (*genus potestatum*) 39.2; 55.1
orna 3.2; 4.2; 4.3; 12.1; 12.2; 13.4; 80.1; 80.3; 103.3; 104.2; 104.4
os 30.5; 81.10; Lex 2.2

Pan 60.2
Pantomalus 25.1; 25.2; 64.10; 66.2; 81.1; 81.4; 81.8; 88.3; 92.2; 92.4; 94.2; 100.4; 101.3; 102.2; 110.3
Paphie 33.5
parasiticus 109.2
parasitus 3.3; 3.4; 4.2; 5.1; 5.2; 42.3; Lex 1.1; Lex 2.3; Lex 3.1; Lex 3.2; Lex 3.3; B110.5
parens 110.1
pater 92.4; 95.7; 96.7; 99.8; 107.2; 108.3
pater familias 107.2
paternus Lex 3.1
patria (*de nummis*) 72.5
patronus 3.4; 110.1; Lex 3.3
patus 30.5
paululum 96.6; 103.3
pedetemtim 87.3
pedisequa 74.5
pellis 81.10
penates 31.6
percolere 67.3
perditus 95.7; 101.6
perfidus 91.2; 93.7
periculosus (*de homine*) 67.1
periculum Lex 2.3
perierare 20.4; 20.5
perpetrare 106.1
perquisitio 68.3
pessum dare 39.4
piscator 15.3
pistrinum 18.2
plaga Lex 2.1
planeta 53.1; 53.4
Plautus 8.1
plumbeus 106.4
podagra 33.3
pollere 101.6
pondus (*i. q. testiculi*) 33.5
Porcius 109.3
possessor 32.3
postolare 46.5; 67.4; 104.6; 104.10; Lex 2.3
potens 83.4
potestas 52.3
praefinire Lex 2.3
praemium Lex 2.4
praescriptio *99.7
praesidium 15.3; 37.4 (*ambigue*); 93.3 (*i. q. thesaurus*); 105.5 (*i. q. thesaurus*)
praestigium 17.9; 41.2; 72.3; 94.2; 101.1; 106.5
praetor 102.2
precator 57.3
principalis Lex 2.2
privatus 30.1; 30.5
prodigiosus 43.4
prodigium 59.3; 60.2
proponere 104.5
Proteus 56.8
psaltria 33.4
pseudothyrus 82.5
puerperium 90.1
purgare 105.2

quadrans Lex 1.2
quadratus (*de sideribus*) 64.5
quaeritare 106.4
quaeso (rem) 49.7
quaesumus 51.6; 52.2; 110.3
quandoquidem 102.1; 103.4; 104.8; 108.3; 108.5
quatire 56.5
quatuor B110.3
Querolus 3.1; 3.4; 4.1; 4.3; 8.2; 10.1; 11.3; 12.1; 13.1; 14.1; 15.3; 16.2; 16.3; 16.5; 18.4; 19.1; 20.4; 21.10; 22.1; 23.7; 23.13; 24.4; 25.2; 27.2; 27.6; 28.1; 28.3; 28.7; 32.4; 33.7; 38.2; 46.3; 64.2; 64.6; 66.3; 68.5; 71.3; 73.1; 74.12; 77.1; 79.2; 84.5; 87.2; 87.3; 88.1; 88.4; 88.8; 89.2; 91.1; 91.3; 95.1; 96.3; 96.5; 102.4; 108.2; 108.5; 110.3; B110.5

ramus aureus 57.7
rancidus (*de homine*) 67.1
ratio (*de expensis*) 67.3

ratiocinator 32.3
recinere 86.1
recte 96.2
refluus 31.4
religio 65.4 (est); 65.5 (*i. q. sollemnitas*); 77.1; 77.2; 82.5; 110.2
reparatio Lex 1.1
repellere 105.2
res divina 41.2; 82.2; 82.3
responsum 13.2; 56.3; 64.1
revolare 5.1
rex convivii Lex 1.1; Lex 2.4
rex 36.4
ridicule 93.6
rimator 76.2
robor 30.5
rotundus (*de sideribus*) 64.5
Rutilius 1

sacculum 33.1
sacellum 45.2; 53.3
sacerdos 51.2; 56.1; 64.11; 88.3
sacramentum 21.7
sacrarium 54.7; 65.2
sacrilegium 104.9; 105.4; 106.1
sacrilegus 101.6
sacrum (*de genere potestatum*) 52.2; 61.1
saltim 87.2
saltus (*de luna*) 64.5
salva res 13.4
sanna 58.2
Sardinapallus 45.6; 62.3; 83.2; 85.4; 110.2
Saturnus 64.5
sceleratus 73.2; 93.2; 93.6
scelus (*de homine*) 102.2
sciens prudensque 21.7
scin 17.1; 51.2; *uide etiam* audin, dixin
scriptulus (*i. q. uncia*) 72.5
secretum 97.5; 107.2
seminudus 18.1; 18.2
senatus consultum 109.2
sententia capitalis 30.5
sepulchrum 101.6
sera 79.3
sermo philosophicus 2.3
sermo poeticus 7
servilianus 109.2
servulus 64.9; 76.2
si vivo *95.2
simia 58.1
simpliciter 61.2; 70.4; 89.6; 105.4
sis 17.9
soccus 31.4
socius 109.6
sodes (*i. q. sodalis*) 47.6; 48.4; 50.6; 85.3; 96.6; 98.1
Sol 64.5
solidus (*i. e. solidus aureus*) 43.2; 72.1; 89.5; Lex 1.2; Lex 2.1; Lex 2.2
sollemnitas 65.4
somniculari 74.2; 82.4
somnolentus 74.2
sorbum 58.2
specialiter 24.4; 55.1
spectatores 7
speculator 76.2
spes bona 22.5
strangulare Lex 2.3
strix 55.3
subrancidus 56.6
subripere 95.5
sucus (*i. q. uinum*) 71.2
superfluus 96.1; 99.7
Sycofanta 45.6; 48.4; 63.2; 83.2; 88.6; 110.2; 110.3
sycofanta 81.13
synastria 66.4

Taurea 109.3
Theocles 82.4
thesaurus 90.3; 91.2; 93.3; 94.3; 96.5; 97.1; 97.3; 97.2 (*n.*); 97.5; 98.4; 99.1 (*n.*); 99.5; 99.6; 99.9; 101.6; 103.1; 103.2; 107.1; 107.2
tiro 32.3
Titius 33.3
titulus 3.2; 100.5; 104.3; 104.4

togatus 31.1; 75.3; 76.2
Torquatus 109.3
torques 43.3
tractatus Lex 2.2
transfusio 54.4
transmarinus 33.1
trians (*i. q. triens*) Lex 1.2
Tricipitinus 85.4; 101.3
tridens 15.3; 16.1; 17.2; 17.8
triduum 78.3; 78.6
Trierinus 85.4; 101.3
trigonus (*de sideribus*) 64.5
tripudiare 89.4
tris 110.3
trisulcus 56.5
triticum 54.4
tubulus (*fere i. q. caliga*) 31.4; 76.3
Tullius 56.7
tumor Lex 1.2
tutela 64.14
tutus 98.2 (in tuto est)
tympanum 72.1

ultimus 101.5 (honos, *pl.*)
ulula 55.4
uncia Lex 1.2
uncinulus 42.3
unguentatus 70.3
unguis 59.3
urbanus 34.2; 40.2; 41.1; 87.3
urceolus 70.4
urna 90.1; 92.5; 94.2; 100.1; 104.4; 106.4
usurarius 85.6

vae 34.3; 34.4; 74.10
vah 81.7
vale 102.1
venerandus 1
Venus 64.5
vestis Lex 1.1
veteranus 32.3
vetustus 95.6
viaticum 110.3; 110.4
vicissim 105.1
visitare 85.1
vocitare 88.4
volare (*i. q. furari?*) 59.1
voluntarius Lex 2.4
volupe 14.1
vulcanosus 40.1
vultus (*de nummis*) 72.5

ynoforus 70.4

zelotipus 74.8
Zeta 64.10; 82.4; 88.3

PROVERBIA

alia temtandum est via 45.5
anima in faucibus 85.5
auribus tenere lupum 103.5
aurum in cinerem versum est 83.4
in laqueos incidere 86.2
multarum palmarum 109.5
nemo gratis bellus est 33.7
o tempora, o mores 99.8
obscuris vera involvere 37.6 (*ex Verg. Aen. 6.100*)
oleum infundere (in ignem) 37.3
saepe condita luporum fiunt rapinae vulpium 32.4
tris edaces domus una non capit 110.3

www.ingramcontent.com/pod-product-compliance
Lightning Source LLC
Chambersburg PA
CBHW060821310726
48980CB00002B/363
* 9 7 8 3 1 1 1 0 0 0 3 3 6 *